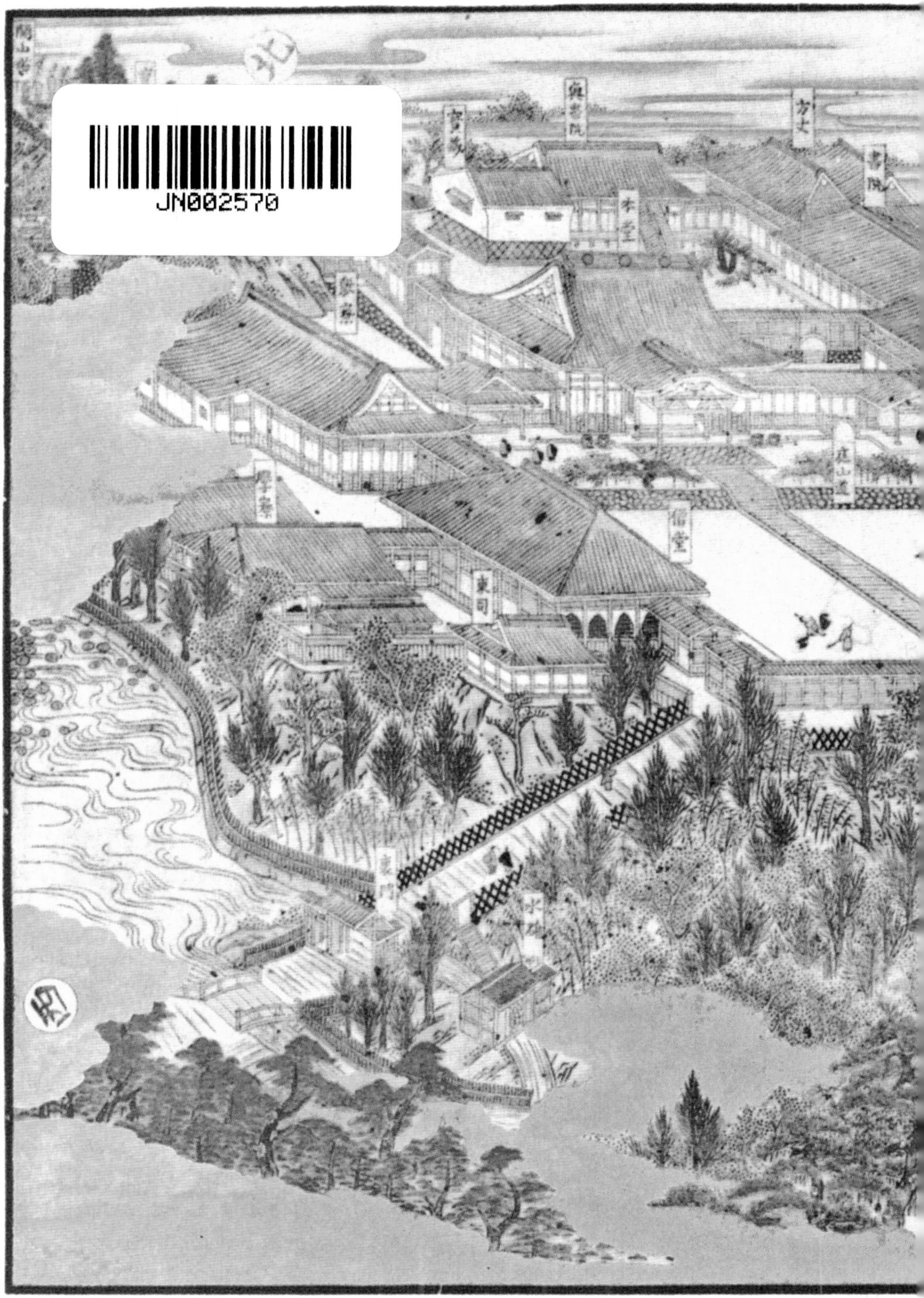

江戸時代中期以降とされる可睡斎全図（『可睡斎史料集 第一巻』より）

徳川家康公
深きゆかりの禅寺

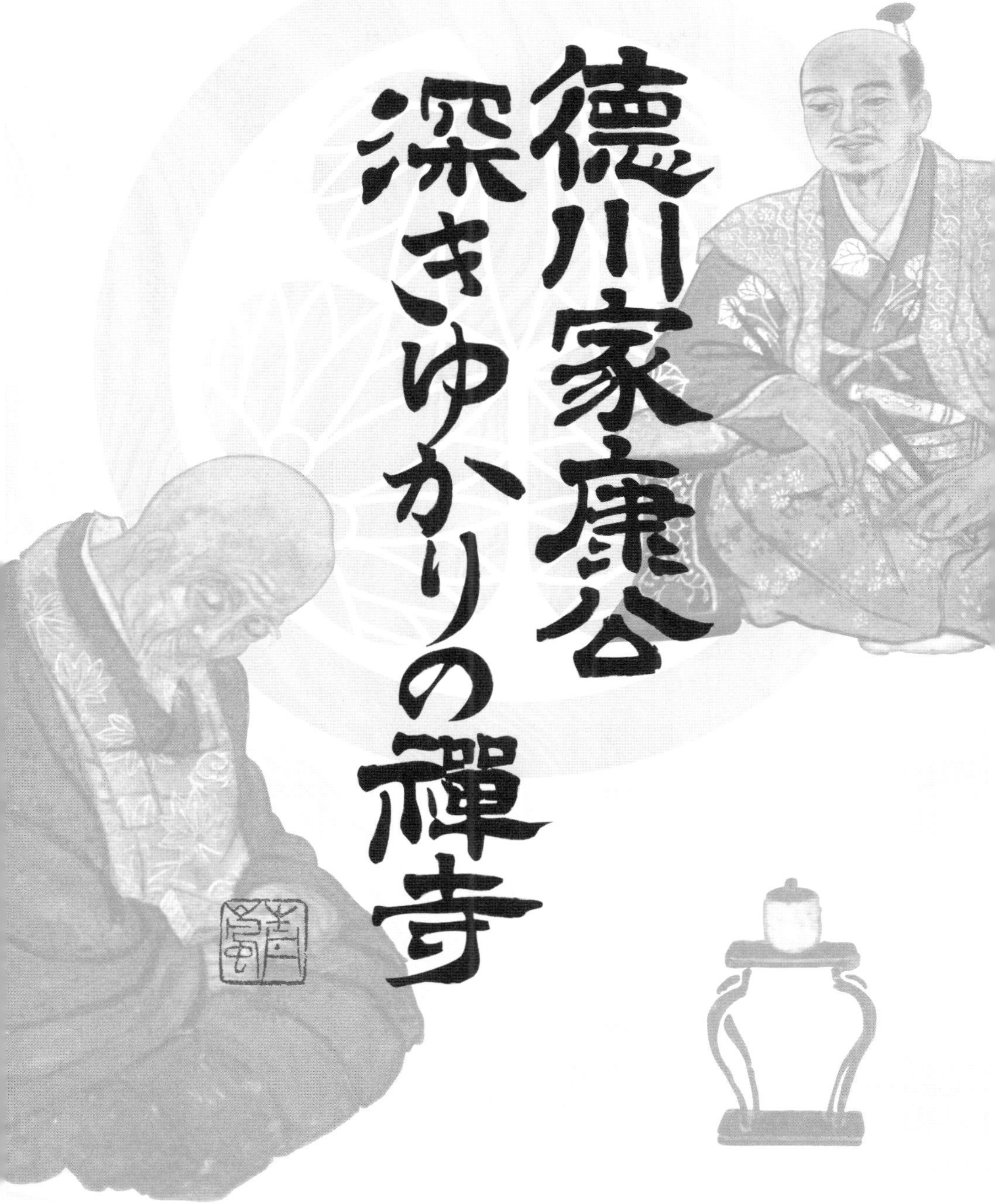

発刊にあたって

秋葉總本殿可睡齋
可睡齋専門僧堂堂長　五十七世齋主　佐瀬　道淳

昭和二十九（一九五四）年四月、私は可睡齋で当時の五十一世齋主、高階瓏仙禅師の得度を受ける勝縁に恵まれました。

爾来六十有余年、数多くの可睡齋関係の方々とご縁をいただき、平成二十三年三月、図らずも住職の辞令を賜ることとなりました。

振り返ってみますと、当齋安居の頃から、「可睡齋」という珍しい寺名の由来や創建の謂れ、さらには変遷の過程に見え隠れする様々な秘話等々に深い興味を覚えていたことが懐かしく思い出されます。

その間、皆様方からもいろいろな質問を受けることがあり、何れはそれらの問題に筋道をつけることができれば、と考えること頻りでした。

時は昭和、平成と流れる中、五十四世鈴木泰山齋主は、この地に生を享けられたが故か、《自らの使命》と念じて、当齋に残された膨大な資料を整理し、『可睡斎史料集』（第一巻～第五巻）の出版を決行されました。しかし、道半ばにしてご遷化され、未完になったことは真に残念です。

私は齋主就任以来、泰山齋主の意志を引き継ぐことができればと常々考えておりました。また、長年の当齋にまつわる懸案についても解決に繋がる良い方策はないものか、と強い思いを抱いておりました。

「時が人を呼ぶ」とは、当にこのようなことなのでしょう。

近年、護国塔建立一〇〇年展や活人剣碑再建等でご尽力いただいている「袋井まちそだての会」の方々と歓談する機会に恵まれました。その折、解り易い可睡齋の紹介本の構想に話が及び、地域の文芸や歴史に詳しい和久田雅之先生の存在を知りました。

そして、山内に出版事業に携った経験を持つ僧侶の存在も確認。「天の配剤、この機会を逃しては」と覚悟を決め、本格的な本作りを始めました。基本構想から実に七年の歳月を経て、この度、読み易さ・解り易さ・親しみ易さを主眼とした『可睡齋物語』がようやく上梓の運びとなりました。檀信徒の皆様に止まらず、広く可睡齋や遠州地域を学ぶ方々の教養書としてお読みいただければ幸いに存じます。

終わりにあたり、本書発刊に際して監修の労をとっていただいた愛知学院大学名誉教授の川口高風先生に心よりお礼を申し上げ、ご挨拶とさせていただきます。

合　掌

刊行を祝して

徳川宗家十九代　徳川家広

この度、遠州を代表する名刹である可睡齋の歴史が『可睡齋物語』にまとめられ、刊行されましたことに、心からのお祝いとお慶びを申し上げます。

徳川宗家と可睡齋の繋がりは、徳川家康公の父親、松平広忠と可睡齋十一世住職の仙麟等膳和尚が一時期ともに過ごしたことを機縁とすると聞きます。また、可睡齋というお寺としては珍しい名称は、家康公の前で等膳和尚が居睡りをしたことから来ているとのことですが、そのような逸話から、二人の間の信頼関係の深さ、強い親愛の情を感じずにいられません。殺伐とした戦国の世において、例外的にのどかな逸話であり、家康公が模索した泰平の世の原型でもあると言っても過言ではないと思います。

家康公が基礎を築いた徳川の平和というのは、日本国内だけでなく、日本と朝鮮、中国（当時は明、清）との関係にも及ぶ普遍的なものでした。そして、可睡齋は、日清戦争での勝利に酔う日本にあって、日清両国の友好と相互理解を、活人剣の碑の建立によって訴えました。この勇気と見識は、まさしく徳川の平和の延長上にあるものと、初めて伺った際に感激したものです。また、日本仏教の長い歴史において、真に誇るべき事跡でもあります。

このような可睡齋の隆盛を支えて来られた多くの先人の営みが、平易な言葉遣い、語り口の本書によって、私たちでも熟読玩味できるようになりました。本書が混迷の世を照らす一灯となることを、そして遠州の風土文物を愛する人々にとっての格好の案内の一冊となることを、心より期待いたしております。

悠久の時の流れを刻み続ける
古刹可睡斎の風光

奥之院への参道から望む諸堂伽藍の甍の波

空から望む可睡斎全景

「大蔵経」を納めた輪蔵堂

秋葉總本殿三尺坊大権現御真殿

国の登録指定文化財、書院造りの瑞龍閣

甍に三つ葉葵が燦然と輝く大本堂

日露戦争にまつわる護国塔

再建された平成の活人剣

下段右から家光公の御朱印、徳川家拝領の硯、御朱印箱、茶箱

高僧を輩出した家康公ゆかりの禅寺

写真上段右から徳川葵の紋瓦、家康公の掛軸、十二世一株禅易、十一世仙麟等膳

総門前に立つ石柱

西有寺での授戒会における四禅師（明治 43 年）

大修理時に降ろした大本堂の大鬼瓦

徳川家歴代将軍の位牌を祀る御霊屋

家康公と等膳和尚にまつわる板絵

厳しさが雲水の威儀を正し
僧侶としての人間性を育む

静けさの中、老師も大衆も一堂に会してひたすら坐る

年末恒例、袋井市街地での托鉢

在りし日、可睡斎へ上山する安居者

応供台で「赴粥飯法」に則って頂く飯台

静岡県指定文化財「紙本墨書示了然道者法語」（弟子の尼僧了然に宛てた道元禅師のご真筆）

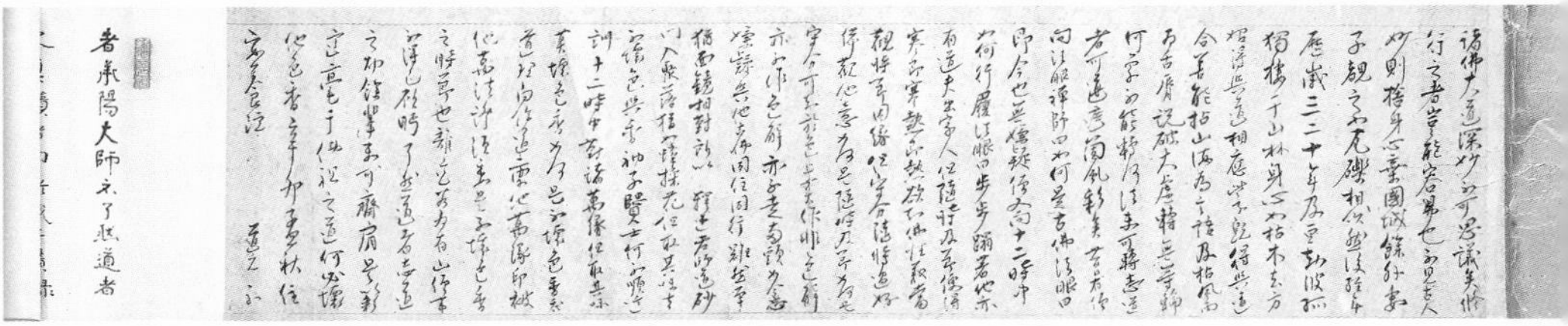

道元禅師の御霊骨を祀る
高祖廟

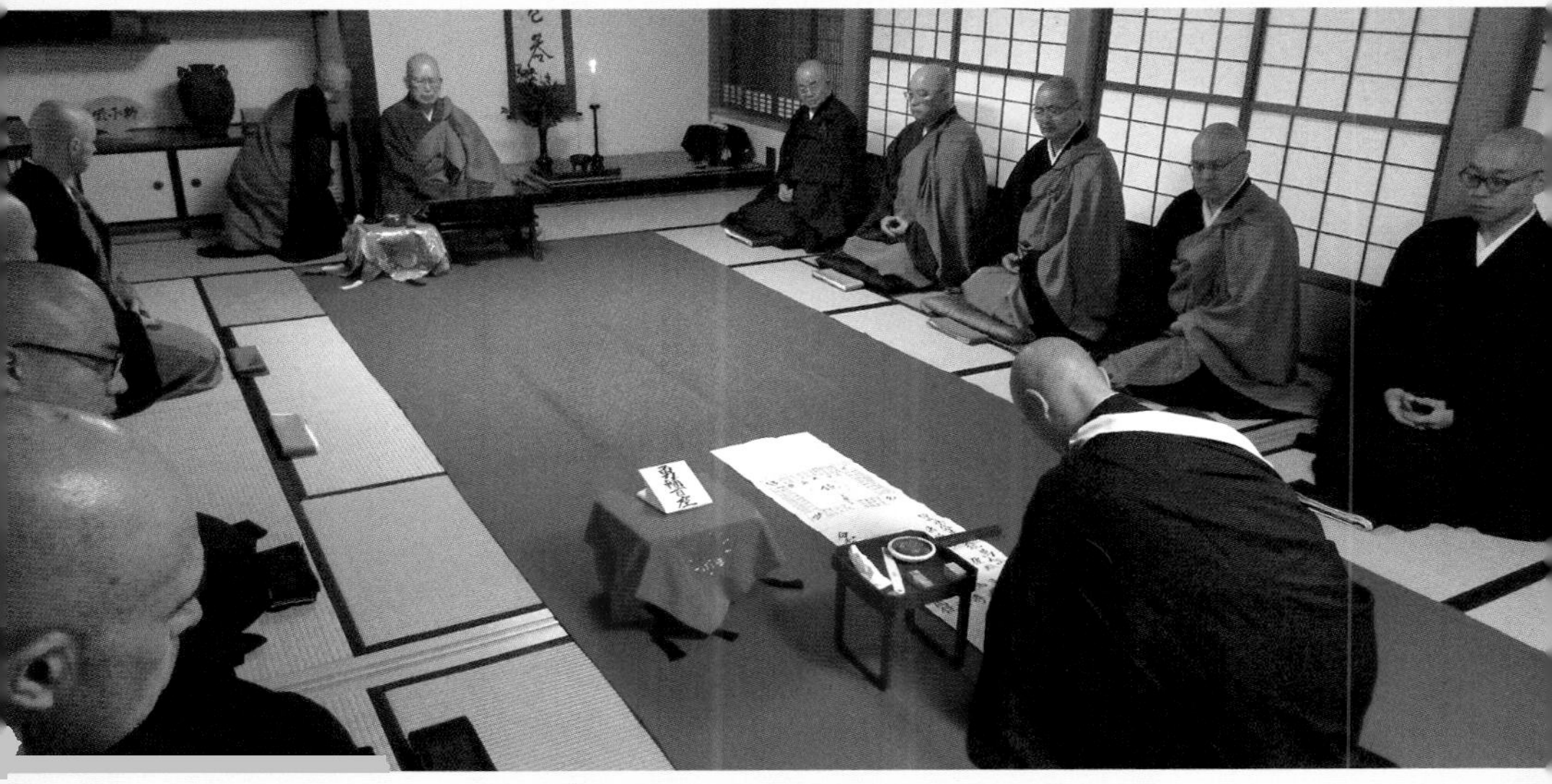

首座が師から立職の証しを頂く円鏡調印式

諸難消滅　心願成就
今なお生きる秋葉三尺坊のご誓願

年末恒例、「火防大祭」での火渡り

秋葉三尺坊大権現御尊像

御真殿で勤修する「ご祈祷」

火まつり「松明道中」

可睡齋物語　目次

境内古絵図……表紙見返し
発刊にあたって　萬松山可睡齋　齋主　佐瀬道淳……2
刊行を祝して　徳川宗家十九代　徳川家広……4
口絵……6
はじめに……27
可睡斎の名の由来……28

見どころいっぱい可睡斎めぐり

いざ可睡斎へ　多彩な顔を持つ禅宗寺院……30
先ずは、外めぐりから……31
上山前の修行僧が最初に立ち寄る地蔵堂……31
総欅造りの令和の総門……32
お札や土産物が買える洗心閣と鶴亀庭園……34
酒の功徳に感謝して建立された酒塚観音……35
弁財天を祀った弁天堂……36
修行僧の守護仏を祀る白山妙理権現堂……37
伊東忠太の仁王門（山門）……38
福を招くおさすり大黒……39
回せば修学の功徳ある輪蔵……40
洗練され力強い平成の活人剣……42
仏教詩人坂村真民のお地蔵さん……43
江戸末期に建てられた大本堂（法堂）……44
家康公も崇めた大黒天にまつわる大黒殿……46
白鼠を従えた大黒様を祀る
叩けば願いが叶う「かんかん石」……47
静謐な気が満つる東海随一の僧堂（坐禅堂）……48
裳裾に赤子がすがる慈母観音……51
檀信徒の先祖を慰霊する位牌堂……52
彦根城を築いた井伊直勝の五輪塔……53
高橋泥舟寄進の木像を祀る清正公祠……54
清正と泥舟／年来の夢だった泥舟の可睡斎参拝
勝軍地蔵菩薩……57
願いが叶ったら、一つ小石を足して奉納
秋葉總本殿三尺坊大権現御真殿……58
家康が隠れたと伝わる出世六の字穴……60
明治の活人剣と可睡斎灯台跡……61
三尺坊の本地不動明王を祀る奥之院不動堂……62
笠松稲荷等を祀る稲荷堂……64
掛川藩主井伊直好の五輪塔……65

歴代住職の無縫塔……66
日露戦争などの戦没者を祀った護国塔と石碑……67
護国塔前の鐘楼堂……69
放生池に立つ魚籃観音……70
江戸時代の火消しの象徴「纏」を収めた纏殿……71
江戸時代から知られていた「花の寺」……72
　家康公が寄進したと伝わるボタンの花
ぼたん苑を見下ろす平和観音……74
境内の句碑・歌碑めぐり……75
次は、館内めぐりへ……79
総受付「萬松閣」……79
韋駄尊天を祀る大書院……80
道元禅師の御霊骨を祀る高祖廟……82
本尊聖観世音菩薩を祀る法堂……84
徳川家の御霊屋……85
可睡斎の格式を示す網代駕籠……86
県指定有形文化財の梵鐘……87
歴代住職の位牌を祀った開山堂……88
斎堂と松雲閣……89
枯山水の庭園　法華蔵界の池……91
国の有形文化財、日本一の大東司……92
寺宝の数々を展示している宝物館……94
胎内仏も見つかった毘沙門天像……95
国の登録文化財、書院造りの瑞龍閣……96
山口玲熙画伯畢生の花鳥画……98
瑞龍閣で「室内ぼたん庭園」開催……100
玲和の庭……101
可睡斎の年中行事……102
可睡斎の精進料理……116

萬松山可睡斎のあゆみ

室町時代の開創から、江戸時代の大僧録へ……118
可睡斎の名が付くまで……118
　可睡斎の創建／東陽軒から可睡斎へ／可睡斎と名の付いた時期
松平一族の悲劇……122
　家康の祖父と父の悲劇／竹千代、人質として尾張、駿府へ／竹千代の駿府人質時代
岡崎城主から征夷大将軍へ……127
　元信（家康）の結婚、桶狭間の戦い／僧録制度のきっかけとなった三河一向一揆／家康浜松へ、三方ヶ原の戦いで大敗北／正室築山殿と嫡男信康

の死／等膳和尚ら築山殿の怨霊を調伏／家康、江戸幕府を開く

僧録から大僧録へ……………… 134

等膳を僧録に、可睡斎の寺格を高める／可睡斎重用の背景／等膳和尚重用の要因／僧録寺院可睡斎、関三刹と共に大僧録に／家康駿府に隠居、可睡斎との関係復活／家康の死と江戸時代の可睡斎／可睡斎と掛川藩主井伊家とのご縁

秋葉信仰の総本山可睡斎……………… 146

秋葉總本殿三尺坊の御真殿と總本殿碑……………… 146

三尺坊の御真躰を祀る／漢学者重野博士の總本殿碑

実在していた三尺坊、火防の霊場を開く……………… 148

観音様の化身として／秋葉山秋葉寺と改称／全国に広がった秋葉信仰

可睡斎と秋葉寺の関わり……………… 152

秋葉寺の復興／勧進所の開設と曹洞宗への改宗／有栖川宮家とのご縁

可睡斎へ御真躰をご遷座……………… 155

三尺坊は神か仏か／秋葉寺廃寺、御真躰など可睡斎へ／山門最大の行事「火防大祭」

今日の可睡斎の礎を築いた高僧たち……………… 158

四十七世　西有穆山禅師……………… 158

明治初年の仏教界の危機に立ち向かう／禅師が最も活躍した可睡斎時代／布教の達人日置黙仙に可睡斎を託す

四十八世　日置黙仙禅師……………… 162

可睡斎に専門僧堂開設認可／境内に活人剣や護国塔を建立／永平寺貫首に就任。身近な人が語る禅師の人となり

四十九世　秋野孝道禅師……………… 166

地元相良の出身、多彩で豊富な修行歴／行学一如の俊才、禅宗界の大学匠に／輝かしい研究歴、数々の著書

五十一世　高階瓏仙禅師……………… 169

日置禅師に随身、日々学び吸収する／可睡斎を社会に開放、堂塔伽藍の整備に尽力／国内外を巡錫、曹洞宗の発展に尽くす

日清戦争の講和記念碑活人剣……………… 174

可睡斎に二つの活人剣……………… 174

講和交渉を揺るがす大事件勃発／李鴻章を唸らせた活人剣問答／「妙手回春」と佐藤を称えた七言

律詩
日置黙仙斎主、記念碑建立を発願……………… 180
活人剣再建なる
日露戦争にまつわる白亜の護国塔……… 186
日置黙仙斎主、満韓巡錫を決意……… 186
護国塔設計は当代随一の伊東忠太工学博士
盛大だった除幕開塔式……………… 189
戦史を雄渾に刻む護国塔碑……………… 190
可睡斎護国塔一〇〇年展と世界平和への願い
東海随一の修行道場、可睡斎専門僧堂……… 196
僧堂と坐禅心得……………………… 196
日常の行住坐臥全てが修行
雲水教育と雲水の一日………………… 198
雲水の日課と托鉢／可睡斎の雲水のある一日の日課
僧侶の歩み五段階………………… 202
得度／立身／伝法／瑞世／結制安居（晋山結制）
可睡斎専門僧堂の配役……………… 205
坐禅体験希望者へのご案内……………… 208
可睡斎歴代住職一覧……………… 210

可睡斎よもやま話

可睡斎寺伝の謎を考える　和久田雅之… 220
可睡斎に伝わる三つの寺伝資料……… 220
寺伝資料の疑問点
『由来略記』について………………… 222
『由来略記』の成立の過程／なぜ寺名が可睡斎なのか／『由来略記』と『秘録之分』の扱い
『秘録之分』について……………… 226
『秘録之分』の成立過程／『秘録之分』が口伝の理由／『秘録之分』の内容と後世の評価について／真偽が混交、文体巧拙混交なのはなぜか
『略旧記』について……………… 232
二つの寺伝をまとめたのは、貫道か
まとめ……………………………… 234
可睡斎随想……………………………… 236
可睡斎の想い出　静岡県書道連盟顧問　大谷青嵐… 236
可睡斎の思い出今むかし　元檀家総代　中山　浩… 239
安居者の思い出　六話……………… 242
明日の可睡斎……………………………… 248
「仏さまのテーマパーク」へ……………… 248

〈コラム〉可睡斎こぼれ話

鳴らしものにより粛々と進む暁天坐禅 …… 50
可睡斎と深い縁があった幕末の三舟 …… 56
西有禅師の頓智 …… 67
仏教の守護神となった韋駄天 …… 81
斎堂にある武蔵丸の雲龍型横綱 …… 90
変わった形と音色のカルラの笛 …… 112
それぞれの思いを込めた戦国武将の旗印 …… 133
家康公と等膳和尚出会いの原点、「篠島」 …… 139
池の中のガマの背中に現れた「秋葉」の二文字 …… 150
平和を祈念して毎月勤修している「活人剣諷経」 …… 185
木造車輌が砂ぼこりにまみれて走った秋葉可睡線 …… 195

資料編

可睡斎略年譜 …… 250
主要参考文献 …… 261
門葉寺院一覧（地域別） …… 262
監修を終えて　愛知学院大学名誉教授　川口 高風 …… 264
あとがき　萬松山可睡斎　監寺　松井 道孝 …… 266
現在の境内図……裏表紙見返し

〈凡例〉

一、歴代住職は、当山の位牌及び所蔵古文書による呼称を用いた。
一、文体は、一部を除いて常体の「だ・である調」を用いた。
一、使用漢字は常用漢字を基本としたが、固有名詞や引用文、記名原稿等については旧字を使用した箇所もある。
一、現存資料で人物及び事象に関する記述が複数ある場合には、その旨当該事項をカッコ内に付記した。
一、数量等の表記は、建物の間口等を除き、センチ、メートルなど片仮名全角文字を使うことを基本とした。また、キロについては、特定が必要な場合のみ、グラム、メートル等を付記した。なお、数字は漢数字を用い、本文中は「十方式」を、四桁の年号表記とページ数表記については「一方式」を採用した。
一、本文中の用字用語については、共同通信社の『記者ハンドブック』に準拠した。

はじめに

可睡斎は、地元の人々から「お可睡さん」と呼ばれて広く親しまれてきた禅寺で、まことに多彩な顔を持っています。

曹洞宗の大刹、道元禅師の御霊骨を祀る寺、修行僧堂、秋葉總本殿三尺坊大権現の総本山、徳川家の歴代将軍や有栖川宮家の歴代親王、掛川藩主の井伊直好などが祀られている寺、日清・日露戦争ゆかりの活人剣や護国塔のある寺、国登録有形文化財の瑞龍閣や大東司が実際に使える寺、日本画家山口玲熙画伯が生涯をかけて描いた花鳥画の襖絵を身近に鑑賞できる寺、ボタンをはじめとする花の寺、精進料理の美味しい寺、火防大祭やひなまつり、風鈴まつりのある寺等々、枚挙にいとまがありません。

本書『可睡齋物語』では、その一端をできるだけ分かりやすくまとめました。

可睡斎の名の由来

「可睡斎」という全国どこを探しても見当たらない、およそ寺らしくない寺名がなぜ付けられたのか。それは可睡斎の寺伝の一つである『秘録之分』の次の話が起源になっている。

しばらく軍務が閑になったひと時、家康公は近習《きんじゅ》の者に「曹洞宗の僧侶で等膳という者がいるが、今どこにいるであろうか。探し出してほしい」と仰せになった。「勢州篠島の妙見斎の住持をしておられます」と申し上げると、「呼び寄せてまいれ」との仰せ。早速飛脚を差し向け、篠島から大急ぎで等膳を浜松城に連れてきた。

待ちかねていた家康公は等膳を直ちに召し出し、二十年前、人質生活を送っていた駿州から、海陸ともに艱難辛苦して逃れたことを話し出され、「実にそなたの禅機を超越する格別のはからいで、無事三州へ帰ることができた。今このように運が向いてきたのは、ひとえに我が一族家臣も及ばぬそなたの働きのおかげである」と感謝した。次々と思い出話に花が咲き、いつしか長時間に及んだ。

等膳和尚は篠島から夜を日に継いで駆けつけてきたため大変疲れていたが、それ以上に昔の親しみの感情が蘇ってきて気が緩み、つい居睡りをしてしまった。正体なく睡っているようなので家康公はお笑いになり、「大変疲れているようだ。ゆっくり休んで睡る可し」と仰せになり退席された。このありさまを近習列座の面々は、「居睡り和尚」と噂し合った。ここから「可睡」の名が生まれた。

その後、家康公は近習の家臣たちに、「和尚の居睡りは、無礼だと思うかも知れないがそうではない。和尚は我を見ること愛児の如し。ゆえに安心して睡る。我はその親密の情を喜ぶ。

和尚睡る可し」と。
翌朝、等膳は召し出され、家康公から「昨夜はたいそう睡かったのか」と尋ねられたので、「道中の疲れのため、まことに失礼いたしました」と申し述べると、「さもあろう。篠島にいては時々の対面も難しいので、当国で住持をしてほしい。後世に無二の信忠を残すため、寺の名を可睡と唱えるべし」と仰せられた。即答もできないので、一先ず篠島へ帰った。
その後、妙見斎の後任を決めて浜松城へ参上すると、家康公は「これより東方の久野という郷に、東陽軒という寺がある。古跡で場所もよいが、零落している。先だってから普請に取り掛かっているが、まだできていない。東陽軒の名を改めて、可睡斎と号することにする。和尚に、可睡斎の住職を申し付ける」と仰せられた。

可睡斎の名はこうして付けられたのである。

見どころいっぱい可睡斎めぐり

いざ可睡斎へ　多彩な顔を持つ禅宗寺院

ＪＲ袋井駅から三・八キロ、車で十分、東名袋井インターからは五分。森街道（県道袋井春野線）を袋井駅から北へ進むと、東名高速道路の手前右にある天狗の立つ案内板や、「秋葉總本殿可睡齋　戰役紀念護國塔道」と刻まれた道標《みちしるべ》、秋葉山の常夜燈などが可睡斎の参道へと誘ってくれる。

可睡斎の広く起伏に富んだ境内は、散策に最適である。道すがら、境内に佇《たたず》む観音様や大黒天、堂塔伽藍の仏様に手を合わせれば、自ずと心が安らぎ、穏やかな気持ちになる。

それでは、境内と伽藍内部をご案内します。

先ずは、外めぐりから

上山前の修行僧が最初に立ち寄る地蔵堂

可睡斎の門前には、数軒の茶店や土産物屋が並んでおり、地蔵堂はその一角にある。この堂は、室町時代の永正年中（一五〇四～一五二一）に五世太路一遵《たいろいちじゅん》が師の如仲禅師の足跡を尋ね来て、久野の郷に建てたという東陽軒に見立てられている。可睡斎の僧堂に安居する修行僧は、先ずはここに立ち寄り、先輩僧から簡単な説明を受けた後、身なりを整えて上山する。

堂の正面左右には、観音菩薩像が立っている。この像は、平成十三（二〇〇一）年に焼津市の堀内孝子氏から寄進された。堂の左手にお地蔵様を祀った小さな祠があり、その背後にも八体の石地蔵が並んでいる。

総欅造りの令和の総門

平成二十七（二〇一五）年の徳川家康公顕彰四百年記念祭に合わせて設置された「徳川家康公深きゆかりの禅寺」（大谷青嵐氏揮毫）の石柱の後ろに、巨大な総欅《けやき》造りの総門が立っている。

旧総門（山門）が平成三十年九月の台風で倒壊してしまったため、令和元（二〇一九）年十二月に、総欅造りの総門が新たに再建された。高さ七・九メートル、幅九・八メートルの、骨太で力強く簡素な高麗門である。

可睡斎では、台風罹災の翌年明け早々に新たな総門建立のため、掛川の宮大工飛鳥工務店に建設を依頼。「強風に耐えられる強さ」と「可睡斎にふさわしい、威風堂々とした」総門を目指し、總持寺の三松関を参考に建立された。土台工事も入念に行われており、百年、二百年と立ち続けるに違いない。

「萬松山」の扁額は、五十七世佐瀬道淳斎主の揮毫である。

旧総門

平成二十二年に新たな山門（仁王門）が完成し、山内への入り口のこの門は、それまで「山門」とも呼ばれていたが、本来の名称である「総門」に統一された。

可睡斎の総門はこれまで幾度かの台風に罹災している。昭和三十四（一九五九）年の伊勢湾台風では、山内にあった全ての門が倒壊した。その折に再建された門も、昭和五十四年の台風で倒壊したため、再々建された。

その再々建された旧総門の天井には、珍しい絵入りの方位盤があった。この方位盤は明治以降に寄進されたもので、「子（北）善光寺ェ七十五里、丑《うし》（北北東）半僧坊ェ九里二町、辰（東南東）富士山ェ二十八里、巳《み》（南南東）浜松ェ五里半」等々、可睡斎からの里程と方向が正確に記されていた。

旧総門はこうした独特の意匠もあり、長きにわたって愛されてきた。

旧総門天井にあった方位盤

お札や土産物が買える洗心閣と鶴亀庭園

総門をくぐると山門へと至る石段の手前左手に、お札《ふだ》やお守り、可睡斎ゆかりの品々や土産物などを売っている洗心閣がある。

道を隔てた瑞龍閣下の斜面には、平成二十九（二〇一七）年の台風で崩れ落ちた崖を埋めて、新たに三ヶ日石を使った巨大な石組庭園が造られている。庭園には鶴と亀が配され、石橋の上にはお地蔵さんが鎮座している。この庭は、一十園と庭徳造園の多大な協力によって造られた。庭は今後、石仏や植栽その他に工夫を凝らして、さらに趣ある庭に変わっていくことが期待される。

酒の功徳に感謝して建立された酒塚観音

洗心閣の手前左手を上がって行くと、酒塚《さかづか》観音に至る。左右に獅子の石像、手前には盃と徳利が供えられ、酒樽の上に観音様が鎮座している。背後には、全国の信者から寄進された紅白の幟《のぼり》がはためいている。

毎年四月二十九日に行われる酒塚観音大祭では、酒塚観音に酒を奉納して酒の功徳に感謝しつつ、心身の健康や家庭円満、仕事の成功などを祈る。

酒塚観音は、生前酒を愛した磐田市の安富康晴氏が、酒の功徳に感謝して昭和四十八（一九七三）年に寄進したものである。

弁財天を祀った弁天堂

酒塚観音の右下に弁天堂が建っている。弁財天は、七福神中最も美しく愛嬌のある神様として人気が高い。もとは古代インドで川の女神として信仰されていたが、流れる水の音やその容姿から音楽・言語・学問の神様として信仰されてきた。弁舌の豊かな才能を持つことから弁才天と称されていたが、江戸時代に入って福の神として熱烈な信仰を集めるようになり、弁財天と書かれることが多くなった。祈ると「話術・学問・音楽の才能が開花して、福徳をもたらす」とされている。

ここに祀られている弁天様は、手が八本ある座像で弓矢を持っている。

修行僧の守護仏を祀る白山妙理権現堂

弁天堂から道を隔てた北側、一段高い所に白山堂がある。ここには白山妙理大権現と龍天護法大善神が祀られている。曹洞宗の開祖道元禅師は宋国天童如浄禅師の下で開悟。『碧巌録』を筆写していた時、白山妙理大権現の助勢で船に間に合った。そのため禅師は終生白山妙理大権現を大切にされたのである。

平成十三（二〇〇一）年、老朽化していた白山堂が中島昭美氏の篤志により再建された。しかし、十年後の台風による倒木で全壊したが、厨子は無事だった。現在の建物は、その折に復元したもの。

無事だった厨子

伊東忠太の仁王門（山門）

平成二十二（二〇一〇）年十一月に建立された山門は、明治四十四（一九一一）年に竣工した護国塔の設計者伊東忠太博士の設計図を基にしている。博士は妖怪の研究家でもあり、山門の屋根には、中国の妖怪「吻《ふん》」が飾られている。

阿《あ》吽《うん》一対の仁王像が完成したのは、同二十二年で、可睡斎最初の仁王門となった。仁王門は、禅宗寺院の七堂の一つで、寺院の正式な入口。古くは寺の南と東西に面して三つ、あるいは参道に沿って三つ設けられたところから三門と呼ばれる。また、空・無相・無作《むさ》の三つの意味からも三門（山門）と称された。

福を招くおさすり大黒

楠の巨木を右に見て四十段ほどの石段を上り、山門をくぐると、おさすり大黒がにっこりと微笑んで迎えてくれる。おさすり大黒は山門のすぐそばにあるため、多くの参拝客がさすっていく。平成十一（一九九九）年からここに祀られるようになった。

「福徳授かる　おさすり大黒様　一さすりで福を招き　二さすりで徳を授かり　三さすりで満足を戴《いただ》く　大黒様は富貴への願いに応えることを誓願としています」

と案内にある。

回せば修学の功徳ある輪蔵

八角形の趣深い輪蔵堂は、明治六（一八七三）年に御真殿や奥之院などと共に秋葉寺から移された。解体して倉庫に収蔵されていたが、日置斎主が奥之院

への参道角地に再建を発願《ほつがん》し、後住の秋野孝道斎主時代の大正八（一九一九）年に組み立てられた。

その後、平成二十（二〇〇八）年、伊東盛熙斎主の時、現在地に移築を決めた。それまでこの場所にあった洗心閣は石段下に移され、傍らの水屋も対面の現在地に移った。

輪蔵とは仏教の経典の収蔵庫で、中に『大蔵経』が納められ

輪蔵堂内部の傅大士座像

ている。輪蔵と呼ぶのはこの収蔵庫が回転するからで、これを一回転させると『大蔵経』を修学したのと同じ功徳《くどく》が得られるとされ、輪蔵に対する信仰が広まった。また、輪蔵を回すと、納めてある経本に風が送り込まれて湿気が除かれるという効用もある。

堂の内部には、輪蔵の考案者である傅《ふ》大士《だいし》の木像が安置されているが、俗に「笑い仏」と言われている。傅大士は本名傅翕《ふきゅう》。中国斉の人で、南北朝時代の在俗仏教者。この世を幸せに生きるために文字を読めない人々に『大蔵経』を学ばせたいと考え、回転する輪蔵を考案したと伝えられる。

洗練され力強い平成の活人剣

輪蔵堂の左手に立つ活人剣は、明治時代の日清戦争ゆかりのものである。

平成二十七（二〇一五）年、可睡斎・学校法人順天堂・袋井まちそだての会の三者が中心となり、袋井市の全面的な協力を得て再建された。

活人剣前のベンチに座り、新緑・サツキ・紅葉・夕焼け・碧空等々を背景に聳え立つ活人剣を楽しむのも一興である。

仏教詩人坂村真民のお地蔵さん

本堂前に、赤い毛糸の帽子とよだれかけをまとった可愛いお顔のお地蔵様が立っている。毛糸の帽子は汚れると取り替えてくれる名も知らぬ女性篤信者の編んだもの。石地蔵の前面に刻まれている「念ずれば花ひらく」は、詩人坂村真民の詩の一節である。真民は明治四十二（一九〇九）年、熊本県生まれの仏教詩人で、『与謝野寛評伝』を出版。四国に移住後、一遍上人の生き方に共鳴して仏教詩を書くようになり、「癒《いや》しの詩人」と称された。真民詩の愛好者によって建てられた詩碑は、全国四十七都道府県から海外にまで及んでいる。可睡斎のものは、四十二基目のもので昭和六十（一九八五）年の建立である。

江戸末期に建てられた大本堂（法堂）

大本堂は、安政二（一八五五）年から慶応三（一八六七）年にかけて建立された旧浅羽町富里の松秀寺の本堂を、明治二十八（一八九五）年二月に譲り受けて移築再建したもの。間口は十間半のままだが、奥行きは三間拡張して十一間とした。再建の資金は当山の中興開基である名蔵家の大安浄通庵主、佛心軒大燈浄光居士などと共に、破格の寄付をした大阪の豪商牧《まき》周左衛門も大慈院養徳牧周大居士として、その一人になっている。

向唐破風《むかいからはふ》向拝付《ごはいつき》入母屋造日本瓦葺《ぶき》の本堂（法堂《はっとう》）は、江戸末期の様式を今に伝えており、棟には徳川家の三つ葉葵の紋が燦然《さんぜん》と輝き、向拝には有栖川宮幟仁《ありすがわのみやたかひと》親王から賜った

「護國殿」の額が掛かっている。

本堂右手に、落ち着いた佇《たたず》まいの玄関がある。正面には、「蓮華臺《だい》」の扁額、手前右の柱には「曹洞宗大本山總持寺御直末」、左の柱には「秋葉總本殿可睡斎」と墨書した板が掛かっている。

ここは大本山の禅師などが来斎された時に用いる来客用玄関であり、現在も方丈玄関として使用されている。その手前右手には、かつて用いた僧侶用玄関(韋駄天玄関)がある。修行僧はこの玄関で上山の許しを請う。

家康公も崇めた大黒天にまつわる大黒殿
白鼠を従えた大黒様を祀る

本堂の左手が大黒殿である。笑顔の大黒様の足元には、白鼠が両脇に侍《はべ》っている。この大黒殿は、家康公が所持していた大黒天の掛け軸を奉納されたことから設けられたという。

大黒天は、本来ヒンドゥー教の破壊神シバ神の化身で青黒い肌に憤怒《ふんぬ》の形相をしている。また、自在天とも言われ、戦いの神・富貴の神・食物の神として祀られた。鎌倉時代に音《おん》が似ているところから大国主命《おおくにぬしのみこと》と習合して民間信仰に浸透。表情が和らぎ、「恵比寿」と共に台所などに祀られるようになった。ちなみに、大黒殿の大棟西側の鬼瓦には、笑顔で打ち出の小槌を振る大黒様を見ることができる。

叩けば願いが叶う「かんかん石」

大黒殿の前に、「かんかん石」が置かれている。弘法大師が、願をかける時にこの石を叩いて祈ると、願いが叶うと教えたという。この石は、弘法大師ゆかりの佐賀県の海蔵寺から高階禅師を通して寄贈されたものである。

かんかん石は、讃岐《さぬき》地方（現・香川県）に多産する古銅輝石安山岩（サヌカイト）で、灰黒色をした硬い石である。木槌《きづち》などで叩くと高く澄んだ音がするのでこの名が付いた。近年では、その癒しの音色が楽器として使われ、高い評価を得ている。

静謐な気が満つる東海随一の僧堂（坐禅堂）

萬松閣の正面の横長の建物が僧堂である。僧堂は禅宗寺院における三黙道場（僧堂・浴室・東司）の一つである。この建物は、昭和四十八（一九七三）年に建設され、地下道で本堂と位牌堂につながっている。

西有・日置斎主時代の可睡斎の僧堂には百人に及ぶ雲水が修行していたという。江戸時代の境内図では「僧堂」、明治・大正は「篭り堂」、昭和では「祈念堂」「僧堂」と記してある。

修行僧は上山すると、僧形文殊菩薩像を中心に設けられた「単」と呼ばれる一畳の坐床に起居し、「起きて半畳、寝て一畳」と言われる僧堂修行に励むことになる。

文殊菩薩は釈迦如来の代表的な従者で、普賢《ふげん》菩薩と共に脇侍《きょうじ》を務めている。普賢菩薩が白象に乗っているのに対し、文殊菩薩は獅子に乗り右手に智慧《ちえ》を象徴する利剣（誤った言論を斬る）を持ち、左手に経典を載せた青蓮華（衆生を正しい道に導く）を持つのが一般的な姿である。智慧の菩薩が百獣の王の獅子に乗っているのは「文殊の智慧があれば、何一つ恐れることはない」ということを表している。

可睡斎の僧堂は、短期の坐禅を希望する人たちにも開放されている。参加する人は、「諸々《もろもろ》の縁を放捨し、いろいろと考えることを止めて、ひたすら坐る」ことが大切である。

可睡斎 ● こぼれ話

鳴らしものにより粛々と進む暁天坐禅

朝五時きっかりに鐘司《しょうす》が「振鈴」を鳴らしながら全山に朝の始まりを告げる。修行僧たちは、その振鈴を合図に僧堂に集まり、各々の「単」で暁天《きょうてん》坐禅に向けての姿勢を整える。やがて、行香師の訪れを告げる木版が鳴り、行香師《ぎょうこうし》が上香三拝を終えて、自分の単へと向かう。この時、「止静鐘《しじょうしょう》」として内堂鐘が三下《さんげ》され、暁天坐禅が始まる。

暁天坐禅が始まると同時に、「更点《こうてん》」という時間を表わすための太鼓と鐘が打ち鳴らされる。太鼓が一つ鳴ると一時間という意味、五つ鳴ると、時刻にして五時を表わす。次に外堂鐘が一回鳴らされる。これは一つ鳴ると二十分間という意味。太鼓と鐘は三度繰り返され、現在時刻が五時から五時二十分の間であることを告げる。法堂の鐘司はこれを聞いて暁天坐禅のための「暁天鐘」を打ち出す。こうして、朝の勤行が始まるまでの約四十五分間、鐘の音に身体を委ねながら、ひたすら坐る。

この間、一言の会話も交わされない。

裳裾に赤子がすがる慈母観音

慈母観世音菩薩像は僧堂前の木立の中にひっそりと立っている。御影石製で、台座からの高さ約三・六メートル。裳裾《もすそ》に赤ちゃんがすがっているのが微笑《ほほえ》ましい。子安観音や子育て観音とも呼ばれ、女性からの信仰が篤い。

この観音様は、平成三（一九九一）年に建立された。日置禅師が名付け親の掛川市白木晁延《まさのぶ》氏夫妻からの寄進による。

檀信徒の先祖を慰霊する位牌堂

位牌堂は僧堂の北側にある。竣工は昭和五十三（一九七八）年で、四月十三日に入仏・落慶総回向《えこう》が行われた。建物は向破風向拝付入母屋造りで、間口五間半、奥行き十間半。内部に可睡斎檀信徒の位牌を奉安している。入り口の「参門閣」の横額の書は、五十三世原田亮裕斎主の揮毫。堂に入ると、正面に観世音菩薩が祀られているので観音堂とも呼ばれている。

堂の外へ出ると、その脇に、篤信者の寄進による天狗の持ち物に擬した巨大な下駄や火箸、十能などが置かれている。

彦根城を築いた井伊直勝の五輪塔

御真殿へ上る階段の手前左奥の石段を上った所に、掛川藩主井伊直好の父直勝（前名直継）の墓がある。直継は、徳川四天王の一人井伊直政の嫡子で、十三歳で父の跡を継ぎ佐和山十八万石の城主となる。翌年家康の命を受けて彦根城を築いた。

しかし、大坂冬の陣が始まると、家康は井伊軍の大将に病弱な直継ではなく、義弟直孝を指名し、冬の陣後に井伊家の後継も直孝とした。彦根城を明け渡した直継は、上野安中藩三万石の藩主となった。この時、名を「直勝」と改めた。

高橋泥舟寄進の木像を祀る清正公祠

清正と泥舟

御真殿の手前左手の丘に肥後熊本藩の初代藩主で、築城の名手として知られる加藤清正公を祀った祠《ほこら》がある。格子戸から見える厨子《ずし》の中には、高橋泥舟が寄贈した黒塗り姿のずんぐりした清正公の木像が長い間鎮座していた。

清正は福島正則らと共に、賤《しず》ヶ岳七本槍の一人に数えられる豪傑である。文禄・慶長の役《えき》では朝鮮に出兵、虎退治の清正として勇名を馳《は》せた。

泥舟が清正の木像を可睡斎に寄進したのは、徳川家や宮家などと縁の深い可睡斎に活人剣が建立されたことに加え、槍の達人、清廉・剛毅・恬淡《てんたん》・厳格等々の性格、生き方や境遇などに自分との類似点があったからと思われる。

年来の夢だった泥舟の可睡斎参拝

清正公の木像の背中中央部分に収められていた紙片には泥舟の筆跡で、「明治三十五年六月　高橋泥舟　時年、六十有八清正公肖像共ニ可睡斎へ」と書かれている。

可睡斎に木像を寄進する一年前の明治三十三（一九〇〇）年九月二十九日、藤枝に住んでいた泥舟の四男村山徧通《ゆきみち》の夫人宛に、「三、四年前から遠州の可睡斎という寺へ参りたいと思っているが、未《いま》だに果たせないでいる。この度は、ぜひとも参詣したい」という書状を書き送っている。当日の新聞に、活人剣碑建立の記事が大々的に載ったのを読んで、泥舟は手紙を書く気になったようだ。泥舟が可睡斎に参拝して、清正公の木像を奉安したのは翌年の六月である。

可睡斎と深い縁があった幕末の三舟

可睡斎には、高橋泥舟が寄進した清正公の木像と、義弟山岡鉄舟揮毫の「火防惣本殿」の書が大切に保存されている。泥舟は、十五代将軍徳川慶喜の側近として最も信頼されていた股肱《ここう》之臣。鉄舟は、勝海舟の強い推挙で明治天皇の侍従として帝王学の一翼を担った人物である。海舟は慶喜のために、維新後も引き続き尽力、皇居で天皇に慶喜を拝謁させたのも海舟である。江戸城無血開城の下工作として駿府で西郷隆盛と談判したのは鉄舟だが、海舟が最初に依頼したのは泥舟だった。西郷は鉄舟を「金も要らなきゃ名も要らぬ、命も要らぬ人は始末に負えぬ」と評した。会見の結果は、可睡斎とも縁の深い有栖川宮熾仁大総督に報告しているから、鉄舟の名は宮の脳裏に強く刻み付けられたに相違ない。

維新後、海舟と鉄舟は明治政府や天皇にお仕えして大活躍したのに対し、泥舟は徳川慶喜に殉じて一切世に出なかった。現藤枝市にある田中城の後始末が一段落すると、慶喜とも距離を置いて会うのを避けた。「海内無双、技量神技に達した」とまで評された槍さえ捨てたのである。

勝軍地蔵菩薩
願いが叶ったら、一つ小石を足して奉納

勝軍地蔵菩薩は、三尺坊大権現御真殿の階段横の左手奥に祀られている。三尺坊の御真殿などと共に、春野町の秋葉寺より可睡斎に遷座されたもの。

勝軍地蔵は、お釈迦様の命《めい》を受けて六道の衆生を救済するためにこの五濁の世に出現したと言われる地蔵菩薩の化身。これを念ずれば、様々な煩悩や病魔、災難などに勝ち、勝負運を呼ぶ菩薩として信仰されている。

地蔵菩薩の足元にある小石を一つ拾って、それを家で毎日お祈りし、願いが叶ったならば、新しい石を一つ加えて奉納する。

秋葉總本殿三尺坊大権現御真殿

明治六年（一八七三）年、春野町の秋葉寺から遷《うつ》されたものであり、僧堂北の石段の上に、向唐《むかいから》破風《はふ》向拝付入母屋造りの秋葉總本殿の御真殿が建っている。石段の途中で、烏天狗の銅像が参拝者を迎えてくれる。これは平成十年御開帳時の総代経験者十四人の寄進になる。

向拝には明治十九（一八八六）年、有栖川宮熾仁親王《ありすがわのみやたるひと》から賜った「秋葉總本殿」の金色の掲額が輝いている。菊の御紋も賜って、以後、「秋葉總本殿可睡斎」と称し、全国の秋葉信仰の総本山となった。總本殿の向拝の虹梁（中央が弧状になっている梁《はり》）に彫られている一対の昇り龍と下り龍は、彫刻師宮本丹次・鈴木善作兄弟の作である。

拝殿には幅三メートル十八センチ、奥行九十三センチ、高さ九十四センチ、重さ二百四十キロという巨大な賽銭箱が置かれている。これは平成七（一九九五）年、お札受け所を設置した時に篤信者から寄進された。

壁には、天狗や烏天狗のお面、家康と等膳和尚を描いた板絵等が掛かっており、梁《はり》には円空仏六体が置かれている。また、御真殿内部の左右にある陶器の大灯籠は、長野の善光寺にあるものと同じで、作者は幕末・明治に活躍した愛知県瀬戸の陶工、二代目加藤杢左衛門である。

家康が隠れたと伝わる出世六の字穴

御真殿の右手、奥之院へ向かう参道の石段を上り切った右手に、家康が戦いで逃げ隠れたと伝えられる出世六の字穴がある。

穴の内外の傷みが目立ち危険になったため、平成二十三(二〇一一)年補強工事を行い、現在では立ち入り禁止になっている。

洞窟は全長約十メートルで、奥に五メートル入ったところに延命地蔵菩薩が祀られている。

家康に因んで、以前は「権現洞」と呼ばれていた。

明治の活人剣と可睡斎灯台跡

六の字穴の向かいに、明治期の活人剣の台座と副碑が残されている。日清戦争の一大記念物であるが、第二次世界大戦で高村光雲作の銅鋳の剣が供出されたため寂《さび》れ、戦後は長い間訪れる人も稀となった。平成に入って新しい活人剣が建立された際、周辺がきれいに整備された。

また、六の字穴の上横には、かつての可睡斎灯台の礎石が残っている。相良・御前崎方面の漁師たちに活用されていたと伝わる。近年になっても、関係者が可睡斎に詣でている。

上：可睡斎灯台礎石
下：整備された活人剣基壇と副碑

三尺坊の本地不動明王を祀る

奥之院不動堂

六の字穴と明治の活人剣の間を抜けて奥に進むと奥之院に至る。

現在の奥之院は、平成二十（二〇〇八）年に新築された。その前の奥之院は、明治六（一八七三）年、御真殿移築の折、龍頭山にあった旧秋葉寺の奥之院から移築遷座したものである。約四十年間解体されたまま倉庫に眠っていた奥之院を、同志を結集して大正二（一九一三）年に再建した柴田宗観を称《たた》えた「奥院修理再興之碑」が、奥之院前の右手の丘の上に立っている。

日露戦争などの戦没者を祀った護国塔と石碑

無縫塔のある丘の西側の道を下り、水行池手前の急坂を上ると、ガンダーラ様式で建造された護国塔が聳《そび》え立っている。

可睡斎 ● こぼれ話

西有禅師の頓智

護国塔の建築様式を「日本古来の三重塔か五重塔にすべき」、「インドの犍陀羅《ガンダーラ》式にすべし」と二人の建設委員が主張したため、他の委員たちは何れに賛成すべきか決めかねていた。その時、西有禅師が立ち上がり、「しばしお待ちを！　可睡斎は拙僧が前住していた寺ですが、ここに三重塔を建設すると、四重（始終）厄介で、五重（後住）が迷惑するでしょう。そうなると、可睡斎の将来にとって気の毒なことになりますから、塔は犍陀羅にすべきでしょう。さあ、これで決まり、決まりです」と言ったので、満座は大爆笑。

護国塔の右横には建塔の由来を刻んだ巨大な石碑がある。裏面には、明治天皇からの御下賜金をはじめ、時の政府高官や日本全国からの寄付者の氏名が刻まれている。

平成二十三（二〇一一）年の護国塔建立百年記念事業の際に、開山堂に秘されていた明治天皇像の存在が明らかになった。明治天皇の皇后、後の昭憲皇太后は、完成した像をご覧になり「生前の陛下の面影が偲ばれる」とおっしゃっている。この像は、宮内大臣を務めていた田中光顕氏から寄進されたものであり、氏は坂本龍馬殺害現場に最初に駆けつけた人物として有名である。

上：明治天皇像
下：県立科学技術高校の生徒が作った護国塔模型

護国塔前の鐘楼堂

この鐘楼は、多くの戦没者を弔うために護国塔と同時期に建立された。現在、鐘は日の沈む時間に撞いている。

鐘楼より数年前に建立された活人剣は、日清戦争の一大記念碑で、明治の名工高村光雲の作であったが、第二次世界大戦中に供出された。加えて、境内にあった神馬と篤志家古川久吉翁の銅像（高村光雲作）もこの時供出された。古川久吉は、袋井出身の実業家で丹那トンネルの鉄道事業等で財をなした人物。

護国塔の梵鐘は残った。その理由は、この梵鐘が、明治天皇をはじめ皇族や陸軍大将、総理大臣経験者などが関係した国家的建造物護国塔に祀られている数多《あまた》の戦没者を鎮魂するためのものだったからであろう。

放生池に立つ魚籃観音

放生池中央の浮橋がかかる小島に魚籠《びく》を持つ魚籃《ぎょらん》観音が立っている。魚籃観音は三十三観音の一つで、悪鬼や毒龍などの害を除く功徳があると言われ、日本では中世以降盛んに信仰されてきた。

放生池とは、六世紀、天台宗の開祖智顗《ちぎ》和尚が、漁師の捕った魚があまりにも多いのに驚き憐れんで、池を造り、魚を放ったのが始めと伝えられている。ここでは毎年、静岡うなぎ漁業協同組合主催の放生会《ほうじょうえ》が営まれ、人間が生きるために犠牲となった魚類の菩提を弔う。周囲には桜・菖蒲・藤・紅葉等々が植えられ、池中には蓮の花が咲き、錦鯉が泳いでいる。

江戸時代の火消しの象徴「纏」を収めた纏殿

昔の町火消しの象徴である纏《まとい》を収めた纏殿が、放生池のすぐ横、ぼたん苑入り口の右手にある。現在の纏殿は、昭和四十四（一九六九）年の竣工。

昭和十四年に消防組の名称が廃止されて警防団が設置され、纏が団旗に替わり、用済みとなった纏は物置の片隅などに置かれていた。それを憂えた当時の磐周地区支部長が可睡斎に相談、境内への保管の快諾を得て、纏殿を建てることになった。

纏殿の中には、静岡県消防組連合会が組織された大正十（一九二一）年当時の磐田・周智郡下の旧町村の纏約五十振りが保存されている。

江戸時代から知られていた「花の寺」

可睡斎は、江戸時代から「花の寺」として名を馳《は》せていた。三月中旬には桜をはじめ、四月中旬にはボタン、ツツジ。五月初旬からはサツキ、中下旬には藤、ユリ等々。初夏にはシャクナゲがツツジに似た白または薄紅色の花をつける。七月の中旬から旧盆にかけては、鷺草《さぎそう》が可憐で涼しげな花を咲かせる。秋には菊と紅葉、冬は室内ボタンなど、一年を通して様々な花を愛《め》で楽しむことができる。

家康公が寄進したと伝わるボタンの花

「花の寺可睡斎」の中でも特に有名なのは、「お可睡いいとこ牡丹の名所　み堂仰いで石段のぼりゃ　庭で袖ひくぼた

ん苑」「山の名の　ねむりもさめる　牡丹哉」と詠まれている「花の王様」ボタンである。可睡斎とボタンの縁は、等膳和尚の時代に、薬用として伝わったモンゴルのボタンが家康公から寄進されたのに始まると伝えられている。昭和十年代の境内図を見ると、山門から本堂に向かう参道の両脇を五画に仕切ってボタンが花を咲かせている。

昭和五十七（一九八二）年四月、テニスコート跡地や墓苑の北側の丘陵地を新たに造成して、面積一万平方メートルの広大な「ぼたん苑」が完成した。ボタンは旧袋井市では長い間「市の花」に指定されていた。

放浪の画家山下清の『東海道五十三次』に「〈袋井〉花の可睡」という作品がある。本堂と御真殿が描かれたペン画で、次の文章が添えられている。

　袋井の駅のそばの案内所でどっかいい景色のところありませんかときいたら　可睡という寺がいいといわれたな　このお寺にはいろんな花がうえてあるな　日本の花もあるし西洋の花もあるし　一年じゅう花が咲いているからお寺まいりより　花見物のお客が多いかもしれない。

訪問したのは、昭和四十（一九六五）年十一月の末頃である。

ぼたん苑を見下ろす平和観音

平和観音は、ぼたん苑の南側の丘の頂《いただき》に立っている。特に「ぼたん燦燦《さんさん》まつり」の時の、ここからの眺めは素晴らしい。昭和十三（一九三八）年、前年に日中戦争が勃発したことから、五十一世高階瓏仙斎主の依頼により、近藤滋彌男爵が国威宣揚・武運長久を祈願して建立したものである。建立当時は護国観音と名付けられたが、第二次世界大戦後は、平和観音と改められた。

境内の句碑・歌碑めぐり

護国塔への上り口左手に、次の歌碑が立っている。

勅題　海上風静　八十翁《ひとし》　村松斎

西の海　東の洋《なだ》も　穏《おだやか》に　いとしも凪《なぎ》ぞ　御世の風かな

「西の海も東の洋も、海上は風もなく静かに凪いでいるのは、争いのない平和を望まれてきた陛下の治世そのものであることよ」の意か。

「海上風静」は、昭和二（一九二七）年の皇室の歌会始《はじめ》の勅題である。大正十五（一九二六）年に大正天皇が崩御し、歌会始は取り止めとなった。そのため、皇室などにも縁のある可睡斎に建立したものと思われる。

酒塚観音の下に、二基の句碑が立っている。

夏に入るや　さくら林の　常あらし

水音

作者の水音（湛水）は天保十四（一八四四）年、菊川の生まれ。掛川の俳人伊藤嵐牛《らんぎゅう》に入門。袋井市山梨の足立家の養子となり、六代目孫六を継ぐ。周智郡長となり、道路の開削などに尽力。明治二十五（一八九二）年からは衆議院議員を二期務める。句碑の建立は明治四十四年。同年、六十九歳で没。

今一つは、松島十湖の弟子富田秀甫《しゅうほ》の句碑である。

日の本は　神代ながらの　山さくら

六の字穴へ上がる坂道の左手には、足立尺波の句碑が立っている。

花と雲　かさなりあうて　暮にけり

明治七（一八七四）年四月の建立。春の夕暮れを詠んだこの句は、六の字穴前の台地から下ってきた時の情景を詠んだもの。尺波は、足立孫六の分家の孫八である。

三メートルほど先の、六の字穴の入り口の句碑は、

花見るや　ものいふことも　なきひとり

まさにその通りの句である。露一居士の作で、裏面に「明治二五年平野久三建」と刻されている。

明治の活人剣右手の木立の下に、歌碑と句碑が仲良く並んでいる。右側が歌碑で、

蓮華峰　浮雲晴《はれ》て　観自在　遠海《とおみ》乃水に　現《うつ》る月影

この場所は可睡斎一の高所で眺望絶佳のため、帰るのを忘れてしまうところから「忘帰亭」と名付けられた閑雅な小亭がかつてあった。日置斎主のこの歌は、この場所から見た実景を詠んだもの。

左隣の句碑は、

あめこへる　民恵みませ　可睡斎　　一連舎托生

可睡斎の法力を祈念しての作。建立は明治十二（一八七九）年。「日照り続きで、雨が降るのを待ち望んでいる民に、雨の恵みを与えてください、可睡斎様よ」の意であろう。

次は、館内めぐりへ

総受付「萬松閣」

山門をくぐって直ぐ右手にある萬松閣の入り口では、諸堂拝観や各種研修の予約、精進料理・御祈祷・御朱印・納経等々の受け付けを行っている。また、可睡斎関係の出版物や記念品・お土産なども置いてある。この建物は、平成十（一九九八）年の可睡斎特別記念大祭に合わせて、御真殿へのエスカレーター付き階段などと共に建造された。入り口の「萬松閣」の字は、五十五世伊東盛熙斎主の揮毫になる。

韋駄尊天を祀る大書院

受け付けを済ませ、正面左手の階段を上ると大書院の長い廊下が延びている。寺務所の隣にある賽銭箱の正面の棚には韋駄尊天等が祀られ、右手の襖《ふすま》には韋駄尊天の絵が描かれている。韋駄尊天は、増長天八将のうちの一神に数えられている。

禅寺では、僧坊などを守護していることが多く、たいていは剣を持ち、唐風《からふう》の甲冑をまとう若い武将の姿として描かれている。仏舎利を奪って逃げ去った者を即座に追いかけ、たちまちに取り返したという伝承から、速足・盗難除《よ》けの神様としても知られるようになった。襖絵（次ページ）の作者は、横須賀市の佐藤雅画伯である。

可睡斎 ● こぼれ話

仏教の守護神となった韋駄天

韋駄尊天、韋駄天は、「天」、「天部」に属し、増長天八将の一神であるとともに四天王（持国天、増長天、広目天、多聞天）下の三十二将中首位の仏神と位置付けられている。もともとはヒンドゥー教の神であったが、仏教に取り入れられ、特に伽藍を守る仏神とされたことから、寺院の玄関などに祀られることが多い。

甲冑をまとった姿は、道教の韋将軍信仰と習合したためのようで、ヒンドゥー教では六つの顔と十二本の腕を持ち、孔雀に乗っている姿が一般的と言われる。

足が速く、仏舎利を奪った賊から取り返したことは本文でも述べたが、その足の速さを生かして釈尊のために方々を駆け巡って食べ物を集めたところから、「ご馳走」という言葉が生まれたとも言われる。

道元禅師の御霊骨を祀る高祖廟

書院の北側に、道元禅師をお祀りする高祖廟がある。ここには、建長五（一二五三）年八月二十八日（旧暦）、京都で五十四年の生涯を閉じられた高祖道元禅師の御霊骨と、仏師が心を込めて彫った禅師の御尊像が祀られている。

道元禅師の御霊骨は、明治十二（一八七九）年五月三日、永平寺において祖堂（承陽殿）が火災に遭った際、その焼け跡の地下から発見された。

この御霊骨の一部が宇治の興聖寺、青森の法光寺、そして可睡斎の三カ寺に授与されたのである。

高祖廟の道元禅師像

その理由は、当時住職であった西有穆山斎主が北海道地区の教化に多大な功績があったこと、さらには、可睡斎から永平寺へ道元禅師御親筆の「重雲《じゅううん》堂式《どうしき》」一巻を献納したこと等が考慮されたようだ。御霊骨が授与されたのは、明治十四年九月二十八日。以来、歴代の可睡斎主が自室である蓮華臺においてて大切に守り安置してきたが、平成十六（二〇〇四）年の「平和記念大祭」を機に、高祖廟に遷《うつ》された。

本尊聖観世音菩薩を祀る法堂

七堂伽藍一の建造物で本堂とも呼ばれ、正面には、御本尊の聖観世音菩薩が祀られている。

観世音菩薩は、その名の通り世の中の人々の声（音）を漏らさず聞いてくれる菩薩であり、人々に救いの手を差し伸べる時には、その願いに応じて三十三の姿に変身して現れるという。聖観世音（正観音）菩薩は、その基となる観音菩薩で、人間に最も近い菩薩である。

左右の露柱には、「三千刹界《せつかい》無私の法、徳は唯、民を康《やす》んじ、国を穏かなら令《し》む。億万も斯《この》年も神（仏の心）は測るあたわず。踪《あと》に但《ただ》みる樹は鬱《うつ》として雲は深きことを」（無限世界に行きわたる無私の法の徳は、民を安んじ、国を平穏にする。昔も今も仏の心は人には推《お》し量れない。悟ったことは、木はうっそうと茂り、雲は深遠であったこと）と書かれた聯《れん》が掛かっている。

徳川家の御霊屋

法堂東室中の床の間の右脇に、葵の紋のついた「徳川家の御霊屋《おたまや》」が祀られている。長年、開山堂の奥深くに祀られてきた徳川歴代将軍の厨子《ずし》を、平成二十七（二〇一五）年の「徳川家康公顕彰四百年記念祭」を機に、一人でも多くの方に拝んでいただくことを願って法堂内に遷座した。併せて新たに徳川家先祖のご位牌を作り、朝の勤行《ごんぎょう》で共に回向《えこう》している。

中央の厨子が家康公のご位牌で、「安國院殿贈正一位大相國公一品徳蓮社崇譽道和大居士」と記されている。二代将軍秀忠公から十四代家茂公までのご位牌は、合祀《ごうし》されて左右の厨子に納められている。厨子は三基とも高さ約一メートル三十センチ、幅約六十五センチ。

可睡斎の格式を示す網代駕籠

法堂の天井に、立派な造りの網代駕籠《あじろかご》が掛かっている。可睡斎の格式を示す乗り物である。

江戸時代、幕府の寺院に対する待遇は五種類に区別されていた。僧録司（僧録寺院）であった可睡斎は両本山に次ぐ「公儀寺格」であった。この網代駕籠が、江戸出府《しゅっぷ》の道中に可睡斎住職が使用を許されていた駕籠である。「公儀掟《さだ》め」によれば、駕籠のほかに道中の衣服を運ぶための対《つい》の狭箱《はさみばこ》も許されていた。道中の人数は十五人。江戸城登城時は加賀前田家の協力を得て五十四人。江戸城で面会する時の位置は、両本山が白書院敷居の内、可睡斎など僧録寺院四カ寺は敷居の外二畳目と定められていた。

県指定有形文化財の梵鐘

法堂南西隅の天井に吊り下げられ、現在も使用している梵鐘は、県の指定有形文化財になっている。竜頭は双頭で、笠形は二段、竜頭の脇に溝口が一カ所作られている。線刻の磨滅が激しく銘文ははっきりしないところもあるが、室町時代中期の永正十五（一五一八）年十二月の鋳造で、可睡斎へ来る前は掛川の西宮八王子大明神にあったことが読み取れる。

歴代住職の位牌を祀った開山堂

法堂奥に廊下を隔てて開山堂がある。手前右左に、高祖道元禅師と太祖瑩山禅師の御尊像が祀られている。中央には、可睡斎開山の如仲天誾《てんぎん》、右に二世真巌道空、四世太年祥椿《しょうちん》、十一世仙麟等膳。左に三世川僧慧済《せんそうえさい》、五世太路《たいろ》一遵《いちじゅん》、十二世一株禅易像がある。左側の壇には、可睡斎の歴代斎主四十九名の位牌が祀られている。

毎年三月五日の開山忌は、来賓や関係寺院及び教区寺院、旧安居《あんご》者等が参列のもと厳粛に行われる。堂の入り口には、永平寺玄透即中禅師の揮毫になる「聯芳堂」の額が掲げられている。開山堂の左手中程には、二十八体の円空仏が祀られている。これは、岐阜県関市の足立利秀氏をはじめ、円空仏保存会の方々の作である。

斎堂と松雲閣

萬松閣の階段を上って、大書院東の廊下を進むと斎堂（食堂）がある。斎堂は、間口九間、奥行き十一間、百七十畳という大広間で、北側と西側が一面のガラス張りになっており、主に精進料理を供する部屋として使われている。斎堂北側の広間の幅二十一メートルの襖には、水墨画家佐々木鐵心の花鳥と唐獅子が描かれている。ハワイ出身の関取武蔵丸が初めて締めた雲龍型の横綱も床の間に飾られている。

斎堂の東側には典座寮（台所）があり、その南側には木造四階建ての松雲閣がある。

松雲閣は三階に応供台《おうぐだい》があり、また、四階は茶室、講義室、宿坊などとして利用されている。

斎堂から中庭を望む

可睡斎 ● こぼれ話

斎堂にある武蔵丸の雲龍型横綱

平成十一（一九九九）年九月二十九日の静岡新聞朝刊に次のような記事が載った。

二十六日に幕を閉じた大相撲秋場所で優勝した横綱武蔵丸関が二十九日、袋井市久能の秋葉總本殿可睡斎に横綱を奉納した。横綱の奉納式が地方寺院で行われることは珍しく、伊東盛熙《せいき》斎主が武蔵川部屋の最高顧問を務めていることが縁で実現した。武蔵丸関は、大関出島関らとともに来山。羽織はかま姿の武蔵丸関は伊東斎主に優勝を報告した後、雲龍型「かたわな結び」（結び目が一つ）の横綱土俵入りを奉納した。（不知火型の横綱は結び目が二つの「もろわな結び」という）

武蔵丸関ら武蔵川部屋の力士は昨年四月、同寺の特別記念大祭に彩りを添える奉納相撲を袋井市民体育館で行うなど、市民とのゆかりも深い。寺院関係者らは、大関時代と比べて心身ともに大きくなった横綱を温かく迎え、末永い活躍を期待した。（一部加筆）

翌日の朝刊には、武蔵丸を一目見ようと集まった人たちの熱狂ぶりが報道されている。取材の報道陣も多く、本堂内はごった返し、中に入れない人たちにより、本堂前は埋め尽くされる状況だったという。奉納された横綱は、横綱になって初めて身に付けた記念すべきもので、現在は斎堂の床の間に飾られている。

枯山水の庭園　法華蔵界の池

斎堂北東側には、松、紅葉、ツツジ等綺麗に剪定された樹々の中に、巨大な岩と石造りの灯籠や水鉢などを絶妙に配した庭園「法華蔵《はちす》界の池」がある。かつては滝に水が流れ、その水を湛える心字池があったが、現在では池を埋め立てて枯山水の庭園となり、参拝者の心を癒してくれている。

この庭が特に目を惹くのは風鈴まつりの時である。千個の赤い江戸風鈴で富士山をかたどった「赤富士風鈴」が、庭の緑や巨石群と見事な対比を見せる。

国の有形文化財、日本一の大東司

可睡斎の大東司《だいとうす》に足を踏み入れた人は、その清潔さ、様々に意匠を凝らした内部の美しさ、豪華さに目を奪われるだろう。昭和十二（一九三七）年の建造だから八十年以上が経つが、歳月を経てその美しさにますます磨きがかかってきている。平成二十六（二〇一四）年には、瑞龍閣と共に国の登録有形文化財になった。

約八メートル四方の空間に、陶製の小便器と大便用の個室が並び、中央の豪華なシャンデリアの下には高村晴雲作の烏蒭沙摩明王《うすさまみょうおう》像が屹立《きつりつ》している。烏蒭沙摩明王は、古代インド神話では、「ウッチュシュマ」、あるいは「アグニ」と呼ばれる炎の仏神で、「この世の汚れを焼き尽くし、烈火で不浄を清浄と化す」神力があるとされている。明王が憤怒の表情で睨《にら》みつけているのは怨霊や悪鬼なのである。

禅寺の東司は、修行のために利用する便所のことで、「三黙道場」の一つである。東司は「慎独」（一人の時こそ身を慎んで過ごす）を旨としており、静かに集中するこの時間は、坐禅そのものである。

修行僧が毎日、感謝の気持ちをもって、便器や床などを一点の汚れも見落とさず磨き上げている。そのため、一般的には「ご不浄」と呼ばれるこの場所が、禅寺の持つ清潔さ、荘厳・厳粛さの最も感じられる場所の一つとなっている。

可睡斎の東司は、雨水や井戸水を水槽に溜めて流す、当時としては珍しい最新式の水洗便所であり、烏芻沙摩明王像も破格の大きさであったことから「日本一の大東司」と評されてきた。

寺宝の数々を展示している宝物館

可睡斎の数ある寺宝の中には、県や市の文化財として指定されているものがある。その一つが、静岡県指定の有形文化財で、道元禅師が弟子の尼僧了然に与えた直筆の『紙本墨書示了然道者法語』一巻（本書口絵十七ページ参照）。全長百七十二センチの紙本墨書である。

もう一つは、武田信玄公の竜の朱印状と言われている禁制（本書一二〇ページ参照）である。袋井市指定有形文化財になっている。

この他にも、運慶作と伝わる大黒・恵比寿の二尊像など貴重な文化財が数多くあり、順次宝物館で展示している。

胎内仏

胎内仏も見つかった毘沙門天像

宝物館から瑞龍閣の屋内へと至る階段を上がった廊下の右手に、毘沙門天立像が祀られている。多聞天とも称されるが、わが国では福や財を授ける七福神の一柱として民間信仰の対象になっている。可睡斎でも平成二十七（二〇一五）年、瑞龍閣二階に毘沙門天をお祀りするようになった。この毘沙門天は、御真殿の奥で発見され、さらにその中から四センチほどの胎内仏も見つかった。

毘沙門天の製作年代は不明だが、この胎内仏こそ太路一遵大和尚の夢枕に現れた毘沙門天ではないかと想像すると、果てしなく夢が膨らむ。毘沙門天は、可睡斎にとってはひときわ因縁の深い仏法を守る神様なのである。

国の登録文化財、書院造りの瑞龍閣

山門右手にある、ゆったりとした曲線を持つ優美な入母屋造り二階建ての木造建築が瑞龍閣《ずいりゅうかく》である。総檜《ひのき》造りで、安土桃山風書院造り、向唐破風《むかいからはふ》の豪華絢爛な建物は、平成二十六（二〇一四）年七月、国の登録有形文化財となった。設計者は、護国塔を作った伊東忠太の弟子で、内務省の技手などを務めた金子清吉である。四年の歳月をかけて昭和十二（一九三七）年、秋葉三尺坊大権現の六十五年目の御開帳を前に完成した。

建築面積は約六百四十平方メートル、桁行三十三メートル。一階は一部屋二十五畳内外の六室。二階は南北に廊下が付いた百五十畳の大広間で、「菊の間」と「牡丹の間」の二室に襖で分けられている。木造建築としては、国内有数の広さである。

欄間の彫刻と支輪付吹き寄せの格《ごう》天井《てんじょう》には、絢爛たる繧繝《うんげん》模様の花鳥画が描かれ、床の間には違い棚と床脇が左右に配されている。百人が一度に講義や坐禅ができるので、かつては年度初めの四、五月や夏休みには、新入社員や学生の研修、宿泊の場として利用された。

現在では、平成二十七(二〇一五)年元旦から始まった「可睡斎ひなまつり」のメイン会場として使われており、三十二段の雛壇に飾られた千二百体のひな人形は、まさに息を呑む美しさである。

山口玲熙画伯畢生の花鳥画

柱や天井は、全て檜造りで、極彩色の天井画をはじめ、一、二階の襖や欄間に描かれた牡丹・菊・桜・梅・菖蒲・鶴・龍など、大小百数十点に及ぶ色とりどりの日本画は、いずれも日展会員山口玲熙《れいき》画伯が四十年近い歳月をかけて一人で描いたものである。

山口玲熙は明治二十七（一八九四）年五月二十三日、京都の生まれ。本名松之助。丸山応挙の流れをくむ菊池芳文や菊池契月に師事、主として花鳥画を描いた。大正二（一九一三）年、文展初入選。以後も帝展や日展を中心に活躍し、その後、新文展無鑑査になった。戦後も日展に度々入選。紺綬褒章受賞。八十四歳で没。なお、日本画家山口華楊は玲熙の実弟である。

昭和四十七（一九七二）年、昔を懐古して山口画伯は次の一文を寄せている。

五十一世の高階禅師がご就任となり、その頃京都に居を構えていた私に、瑞龍閣新築に際し、その襖絵の揮毫を依頼にお見えになった。私も三十歳を過ぎた青年画家として、御頼みをそのまま受ける訳にも参らぬ。誰かと組んで揮毫させて頂こうとご返事申し上げた処、禅師様は「急ぎませんから玲熙の一手で一生かかってもよいから頼む」とのお言葉。非常に嬉しく感じ早速、菊地契月先生にご相談申上げた処同じ描くなら日本画として、桃山時代からなる花鳥画がよいではないかとのお言葉。禅師様がお好きな絵であったかと思い、極彩色の花鳥画と決め、着手した。

山口画伯が戦争で中断していた襖絵制作を再開したのは、高階禅師示寂直前の昭和四十二年十二月であった。

瑞龍閣で「室内ぼたん庭園」開催

江戸中期、国内に知れ渡っていた可睡斎のボタンの苗を修行僧が島根県松江の大根島に持ち帰り、今では日本一のボタン産地となった。室内ボタンは、そこから持ち込まれ、平成十五（二〇〇三）年の年明けから、特別観賞展「瑞龍閣室内ぼたん庭園」が始まった。

赤や白、紫など約五十鉢のボタンの花が、書院造りの瑞龍閣の日本間を美しく彩《いろど》るようになった。ひなまつりが始まると、室内いっぱいのお雛さまと気品に満ちた色とりどりのボタンの花が、参拝者の眼を存分に楽しませてくれる。

玲和の庭

瑞龍閣の南側には、かつて「瑞鳳の庭」と呼ばれ、仏道の東漸流布《とうぜんるふ》を表現した庭園があった。その庭が平成二十九（二〇一七）年の台風で崩れたため、新たに「玲和の庭」として造り直された。「玲和」の名は、築造年の元号「令和」の韻を踏み、庭の美しさを表現する意味合いで命名された。

庭の入り口にある石碑には、

「草の庵《いお》に　ねてもさめても　申すこと　南無釈迦牟尼仏　憐れみたまへ」

と梅花流御詠歌「紫雲」の一節が刻まれている。

可睡斎の年中行事

可睡斎では年間を通じて数多くの行事が行われている。僧侶の指導の下で、檀信徒をはじめ多くの人々が信仰の真《まこと》を捧げ精進するのである。

一月

◇元旦　修正会《しゅしょうえ》（年頭祈祷）

◇一～三日　三朝大祈祷

　参拝者の一年の安寧を願って、祈祷会が早朝から行われる。

◇一～十五日　年頭祈祷

◇二日　檀信徒年賀

◇七日　門葉寺院年賀拝登《はいと》

年頭祈祷

一〜三月

◇室内ぼたん庭園

瑞龍閣一階で開催

◇可睡斎ひなまつり

供養の目的で持ち込まれた多数のひな人形に再び光を当てようと、平成二十七(二〇一五)年から始まった。圧巻は瑞龍閣二階三十二段の雛壇に飾られた千二百体のひな人形である。この他、館内の廊下などにも飾られ、合わせて約三千体のひな人形が迎えてくれる。

二月

◇三日　節分会《え》（豆撒き）

◇十五日　涅槃会《ねはんえ》　お釈迦様が亡くなった日。

多くの人々や動物などが嘆き悲しみ、沙羅《さら》の木は白い花を咲かせ哀惜の花びらを降り注いだという。この情景を描いた涅槃図を掲げてお釈迦様を偲ぶ法要が厳かに行われる。

◇中旬　涅槃会摂心

三月

◇五日　開山忌

午前十時から、可睡斎開山如仲天誾禅師の命日の法要を行う。

山内大衆はもとより、七十余の末寺・教区の寺院を招き、檀信徒各位も参集して供養が営まれる。

◇春分の日をはさむ一週間　春の彼岸会

彼岸の世界を想い、先祖を供養する法要。

四月

◇八日　釈尊降誕会《ごうたんえ》（灌仏会《かんぶつえ》）

一般には花祭りとして親しまれているお釈迦様の生誕を祝う法要。

灌仏やしわ手合する数珠の音（芭蕉）

灌仏とは、誕生仏に甘茶をかけて祝うこと。降誕会は、十二月八日

開山忌法要

の成道会《じょうどうえ》（悟りの日）、二月十五日の涅槃会（入滅の日）と共にお釈迦様の三仏忌《さんぶっき》（三大法要）の一つで、曹洞宗寺院で最も大切な行事である。

◇二十九日　酒塚観音大祭

午前十時から、地元酒造業者から地酒の寄進を受けて、豊橋市下地の煙火講の人たちによって手筒花火の奉納が行われる。

酒塚観音大祭

五月

◇ぼたん燦燦《さんさん》まつり　四月中旬～五月初旬

四月中旬から五月の連休にかけて、山内の一町歩に及ぶ「ぼたん苑」で盛大に「ぼたん燦燦まつり」が行われる。品種百五十余種、株数三千余株、丘の上では平和観音がぼたん苑全体を優しく見守っている。

◇一～六日　百庫市（古美術・骨董）

◇十一日頃　宗偏流流祖忌・献茶式

可睡斎開基久野家にゆかりの茶道宗偏流宗匠による大献茶会が催される。

五～八月

◇遠州三山風鈴まつり　五月下旬～八月三十一日

「袋井ご利益《りやく》旅」の一環として平成二十九（二〇一七）年からスタートした。遠州三山（可睡斎・法多山・油山寺）が、それぞれに趣向を凝らした風鈴の装飾を、涼し気なその音色と共に楽しんでいただこうと企画。この期間には、三山共に期間限定のお茶スイーツを販

売している。可睡斎は冷やしぜんざいで、目と耳と舌で袋井の夏を楽しんでいただこうという趣向。

八月

◇七日　山門大施食会《だいせじきえ》

施食とは、法会の一つ。餓鬼道に落ちて苦しむ亡者や弔う人のいない無縁の者のために供養し、その功徳を回し以て、各家の先祖代々の諸精霊を回向する。

◇十三～十五日　盂蘭盆会《うらぼんえ》（盆経）

◇二十八日　護国塔全国戦没者慰霊祭

山門大施食会

◇〃　奥之院不動尊大祭

午後三時から、奥之院において不動尊十三詣大祈祷をはじめとして、一般信者や秋葉講の人々などを招いて行われる。門前から境内にかけては夜店が立ち並び、夏祭りを楽しむ善男善女で賑わう。日が沈むころには灯篭流しが始まり、盆踊りや奉納演芸などがにぎやかに催されると、やがて可睡の夜空に、奉納花火、スターマインなどが華やかに打ち上げられる。また、豊橋市下地可睡講中の人たちによる手筒花火も祭りに花を添える。

奥之院での大祈祷

九月

◇秋分の日をはさむ一週間　秋彼岸会

◇二十一日　放生会《ほうじょうえ》

彼岸の九月二十一日午前十時から、静岡うなぎ漁業協同組合を中心に、関係者多数が参列して、食事に供された魚たちに感謝し供養する法要。

◇二十九日　両祖忌

高祖承陽大師道元禅師と太祖常済大師瑩山禅師を供養する法要。

十〜十一月

◇五日　達磨忌

禅宗の開祖である達磨大師を供養する法要。

◇もみじ祭り

十月中旬から十二月初旬まで可睡斎の境内には約千本の紅葉が植えてあり、十月中旬から十二月初旬にかけて鮮やかに色づく。春のボタン、秋の紅葉についてはもとより、可睡斎は袋井市の観光名所になっている。

可睡斎 ● こぼれ話

変わった形と音色のカルラの笛

「秋葉の火まつり」などで、長さ三メートルのラッパ型の迦楼羅《かるら》の笛が鳴らされる。迦楼羅とは、毒龍を食べて人々を救うという仏法の守護神のこと。製作者は、ヤマハの楽器設計技師の竹内明彦氏。

　チベットの楽器「ドウン」をヒントに製作され、平成六（一九九四）年八月の不動尊大祭の折に開催された「日本文化の夕べ」で、秋葉三尺坊大権現をテーマとした「天狗囃子《ばやし》」に乗せて奉納演奏された。巨大楽器のため、持ち手と吹き手の二人が組んで演奏、「ドーン」あるいは「ボオォーン」という腹に響く音色が境内に響き渡った。

　毎年十二月の火防大祭で演奏されるこの不思議な金管楽器の重厚な音色を聴きに、ぜひ可睡斎にお出かけください。

十二月

◇一～八日　臘八大摂心会《ろうはつだいせっしんえ》

釈尊の成道《じょうどう》に因《ちな》み、毎年十二月一日から八日の暁まで行われる坐禅集中期間。

◇八日　成道会（お悟りの日）

お釈迦様のお悟りになった日を記念して行われる法要。

◇十～十六日　水行

◇秋葉の火まつり（火防大祭）　十五・十六日

毎年十二月十五・十六日の「火防大祭」は、可睡斎の最大行事で、全山を挙げて準備する。

僧侶たちは十二月一日から八日まで坐禅に専念。九日には火まつりに奉仕する僧侶が集合する。

十日朝、斎主を中心に、大祭の主役を務める僧

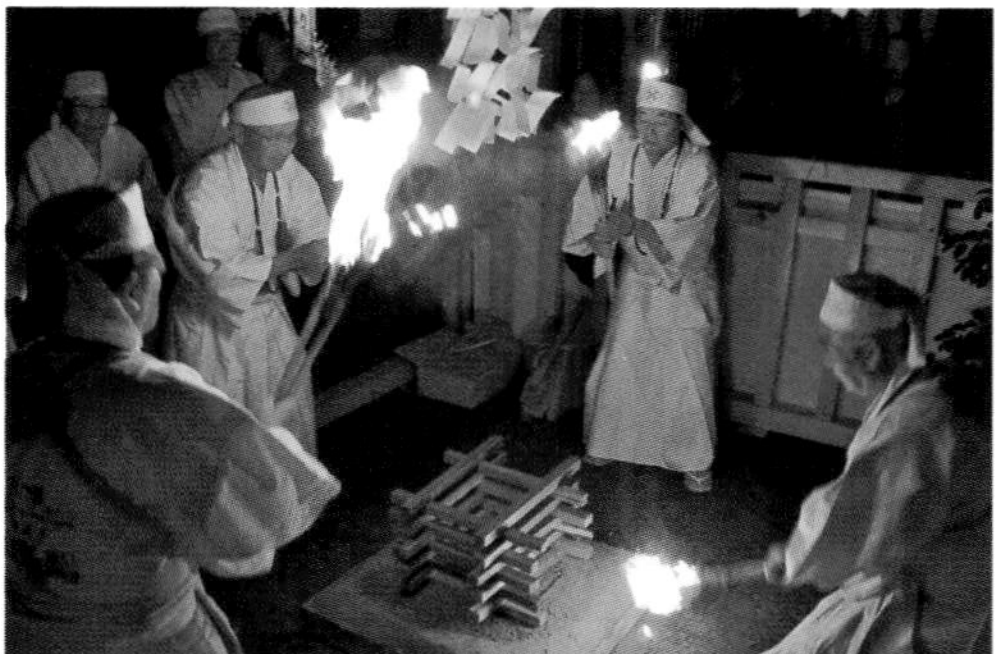

侶たちで「別火寮《べっかりょう》」が編成され、山内僧侶と煮炊きは別にし、古式に則って新たに火を熾《おこ》す。そして、「秘法七十五膳御供式」のために、別火寮に籠り精進潔斎する。十日朝から十六日朝まで水行をして、ひたすら金光明最勝王《こんこうみょうさいしょうおう》経を誦し、国家安泰と万民の幸福を念じ続ける。

十五日の大祭当日、御真殿で大祈祷。午後三時、愛知県田原市の江比間講《えひまこう》中の手で御真殿から秋葉三尺坊の御真躰を載せた御輿が担ぎ出され奥之院へ渡御《とぎょ》、安座。大祈祷。夜八時、御真殿よりいただいた御神火が境内の薪に点火される。法堂脇に設けられた火渡り道場では旧豊岡村の大膳《だいぜん》講の先達《せんだつ》をはじめとした行者たちが紅蓮《ぐれん》の炎に向かって祝詞《のりと》を唱え、九字《くじ》を切る。火渡りの行《ぎょう》は、真言三密の一つ。弘法大師空海が東国巡錫《じゅんしゃく》の折、秋葉寺で伝授されたのが起源とされるが、可睡斎では大膳講が御嶽信仰の信者であるため火渡りは御嶽信仰のやり方に則って行われる。御祈祷が終わると、行者たちはご神火の上を渡る。その後、迦楼羅様が渡り、参拝者たちが続く。神火を渡れば一切の罪過災難ことごとく消滅、福寿が授かるとあって、夜遅くまで人出が絶えない。

午後十時、山払い。十一時、いよいよ「秘法七十五膳御供式」が始まる。斎主と別火寮の僧侶たちが白の浄衣と袈裟、覆面瓠《ふくめんこ》（白マスク）と鉢巻き姿で、三尺坊の七十五の眷属《けんぞく》に百味の神饌を献供し、千有余年前より伝えられてきた深夜の秘儀に臨む。

午前一時に近づく頃、秘儀を終えて奥之院から御真殿へ向かう斎主老師の錫杖《しゃくじょう》の音が聞こえてくる。御真殿にて、お神酒と神饌を賜り、法悦の中に秘法が終わる。

十六日早朝、奥之院へ三尺坊をお迎えに上り、御真殿に還御《かんぎょ》。納めの祈祷をして大祭はお開きとなる。

◇二十八日　搗餅《とうびょう》諷経（餅つき）

◇三十一日　歳末諷経・除夜の鐘

可睡斎の精進料理

精進料理とは、殺生や煩悩への刺激を避けた料理のことを言い、禅宗では食事そのものを修行研鑽の場と考える。その始まりは、道元禅師が南宋で修行をした折、中国天童寺の食事法を日本へ伝えたことにある。禅師の教えの『典座教訓《てんぞきょうくん》』には、料理を作る側の心構えとして「食事を作るには、必ず仏道を求めるその心を働かせて、季節に従い、春夏秋冬の折々の材料を用い、食事に変化を加え、多くの者が気持ちよく食べられ、身も心も安楽になるように心がける」と示されている。

精進料理は肉や魚は一切使わず、基本の六味（苦・酸・甘・辛・塩・淡）・五色（白・黒・赤・青・黄）・五法（生・煮る・焼く・蒸す・揚げる）に則って調理する。旬の野菜・果物・山菜・海草など、素材の持ち味を生かすために薄味にするとともに、精進だしにこだわりを持っているのがその特徴である。

食事は、応量器を額の前に両手で掲げ、展鉢《てんぱつ》（器を広げる）し、行鉢念誦《ぎょうはつねんじゅ》（五観の偈《げ》など）を唱えて始まる。五観の偈を紹介すると

一つには、功の多少を計り、彼《か》の来処を量る

二つには、己が徳行の、全欠を忖《はか》って供《く》に応ず

三つには、心《しん》を防ぎ過《とが》を離るることは、貪等《とんとう》を宗とす
四つには、正に良薬を事とするは、形枯《ぎょうこ》を療ぜんが為なり
五つには、成道《じょうどう》の為の故に、今此の食《じき》を受く

松上膳

そして、「赴粥飯法《ふしゅくはんほう》」に則って食べる。そこには、「食器の音を立てない」「食べる量に不満を持たない」「（たくあんであっても）音を立てて食べてはいけない（麺類は別）」をはじめとし、一緒に食べている人への配慮や作った人への感謝を忘れないなど、一つ一つ事細かに食事の作法が記されている。

食堂は三黙道場の一つであるから、原則としてしゃべることは禁じられており、伝達はすべて鳴らしものと誦《とな》えごとによる。

可睡斎のお客様用の精進料理には、期間限定の「吉兆膳」（元旦～一月中旬）、「ひな御膳」（二月中旬～三月中旬）、「ぼたん膳」（四月中旬～五月上旬）、「ゆり膳」（五月中旬～六月下旬）と予約膳がある。予約膳は、松上膳、松膳、竹上膳、竹膳の四種類がある。可睡斎では、大本山總持寺の料理長を務めあげた小金山典座和尚の「精進料理教室」を毎月二回開催している。

萬松山可睡斎のあゆみ

室町時代の開創から、江戸時代の大僧録へ

久野城址遠景

可睡斎の名が付くまで

可睡斎の創建

可睡斎は、室町時代の応永年間（一三九四～一四二八）の初期、曹洞宗の開祖道元禅師から数えて八代目の法孫如仲天誾《てんぎん》（一三六五～一四三七）が、遠州久野の郷に草庵を結んだのに始まる。

如仲天誾は、信濃の国上田の出身で九歳の時に出家、越前の国龍沢寺の梅山聞本《ばいざんもんぽん》禅師の下で得度（出家）した。その後、遠州の飯田（森町）邑主《ゆうしゅ》山内対馬守《つしまのかみ》に招かれて飯田城の一郭に崇信《そうしん》寺を創建した。その後、さらに幽谷の地を求めて、応永十八（一四一一）年、先師聞本

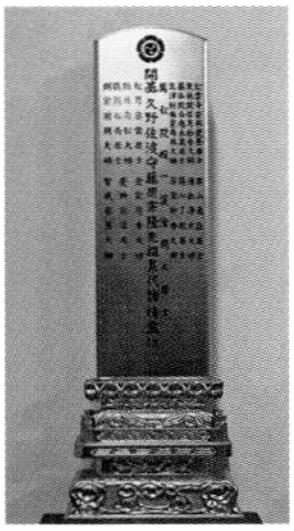

右：開基久野宗隆のご位牌
左：大洞院

を開祖にして森町橘に大洞院を開創した。如仲門下からは、喜山・真巖《しんがん》・不《ふ》琢《たく》・石叟《せきそう》・物外《もつがい》・大暉《だいき》の六名の俊才が輩出し、それぞれが分派の祖となり洞門の発展に寄与した。

数十年後の永正年中（一五〇四〜一五二一）、幼時如仲に仕えた太路《たいろ》一遵《いちじゅん》が、師の足跡を求めて五畿七道を遍歴し、久野城下に錫《しゃく》を置いた。

ある日、城近くの松樹の下で毘沙門天の奇瑞《きずい》（吉兆）を感得、「この地こそ師の草庵跡」と確信し、時の久野城主久野宗隆の援助を得て一寺を築いた。これが可睡斎の前身、東陽軒である。一遵は嗣法《しほう》（法統継承）の恩師太年《たいねん》祥椿《しょうちん》を開祖として、自らは第二世となった。開基は久野宗隆で、可睡斎の位牌堂には宗隆の「萬松院殿一渓清閑《いっけいせいかん》大居士」と記した位牌が祀られている。

この東陽軒について、可睡斎北方の極楽寺には、今川義元が天文十三（一五四四）年十月九日付けで東陽院に宛てた「遠江国極楽寺の山屋敷・田畠を安堵する」旨の文書が残されている。この「東陽院」が、東陽軒と考えられる。

東陽軒から可睡斎へ

元亀三年十月二十八日、武田信玄が、遠州侵攻を前に進軍途上にある可睡斎に対して、「當手《とうて》甲乙の軍勢、彼の寺中に於《おい》て濫妨狼藉《らんぼうろうぜき》、堅く停止《ちょうじ》せられ候ひ訖《おわ》んぬ。若《も》し違犯の族《やから》あらば、厳科に処せらるべきものなり、仍《よっ》て件《くだん》の如し」（武田の軍勢は誰彼の差別なく、可睡斎への乱暴狼藉を禁ずる。もしこの命令に違反する者があれば、厳罰に処する。以上である）との禁制（高札）を出している。この禁制は、元亀三年の時点で可睡斎という寺が存在していたことの証《あかし》になる。前述の天文十三年の文書で「東陽院」という寺の存在が確認されるのであるから、寺伝『秘録之分』の「家康が東陽軒を改築して名も可睡斎に改め、等膳をその寺の住持に命じた」話は、事実と考えてよい。

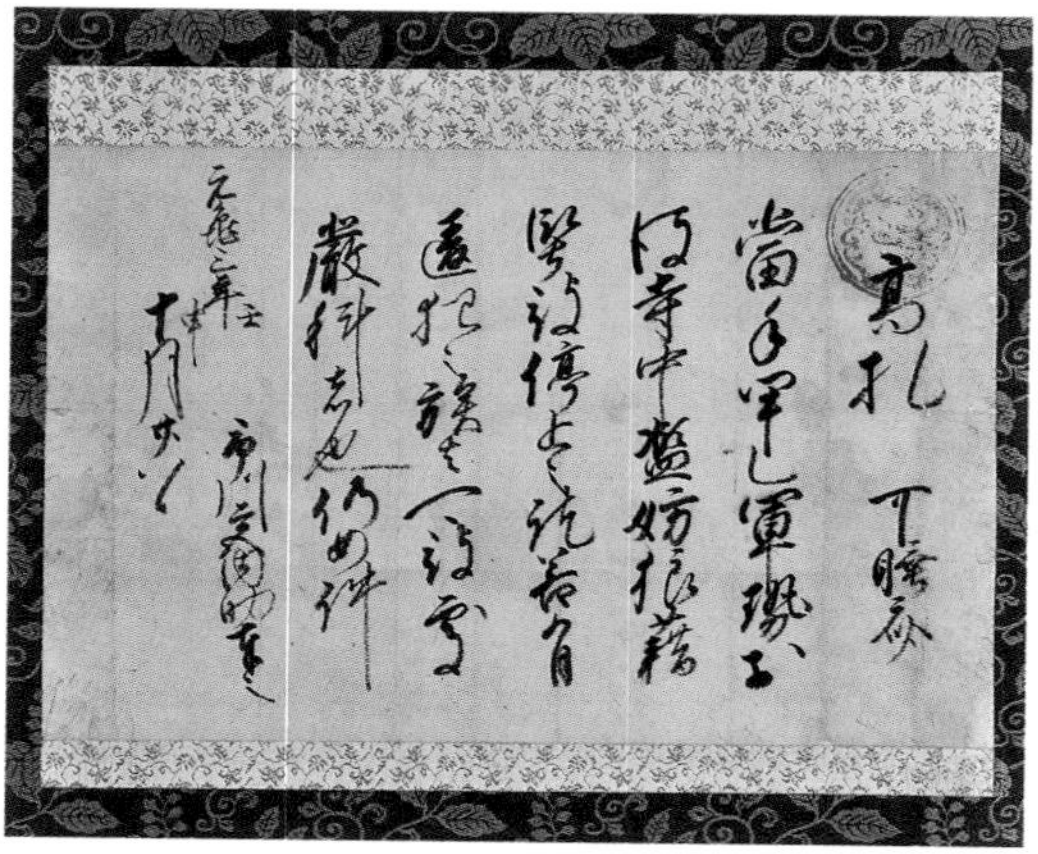

袋井市指定文化財「武田信玄の竜の朱印状」

可睡斎と名の付いた時期

可睡斎に伝わる寺伝の一つの『可睡斎御由緒口訣室中秘録之分』は、元亀三（一五七二）年、家康の面前で居睡りする等膳を見て、「和尚我を見ること愛《あか》児《ご》の如し。故に安心して睡る。和尚、睡《ねむ》る可《べ》し」と言い、ここから「可睡和尚」の名が生まれ、東陽軒を建て直して「可睡斎」と名を改め、等膳を住持にしたと記している。

しかし、その時期について、家康が「軍務の閑暇に等膳のことを思い出し、和尚を浜松城に呼んだ」のは、元亀三年ではなく、その前年の二年と考えられる。三年は武田信玄の動きが急で、六月に遠江に侵入、十二月が三方ヶ原の戦いで、家康には等膳を城に呼び寄せるような時間も気持ちの余裕もなかったに違いない。

家康が信康に岡崎城を任せ、浜松城に移ってきたのは、元亀元年の六月。家康は席の温まる間もなく出陣、織田信長と共に浅井・朝倉連合軍と姉川で戦い、十月には近江に出陣している。家康の身辺に、比較的余裕のあったのは、やはり元亀二年だったと思われる。

松平一族の悲劇

家康の祖父と父の悲劇

徳川家康の父広忠は、大永六（一五二六）年、松平清康の嫡男として生まれた。天文四（一五三五）年織田信秀との戦いの折、二十五歳の清康は尾張国守山の陣中で、誤解から重臣安部定吉の息子弥七郎に斬り殺されてしまった。

広忠の叔父松平信定は、広忠の後見役として政務を主導していたが、本家簒奪《さんだつ》の野心を秘めていた。主君清康を手にかけた息子の責任を不問とされ一命を救われた定吉は、幼君仙千代（広忠）の身を守るため、海衆石橋五郎右衛門を頼り三河湾の篠島に渡った。五郎右衛門は、息子麟之助が修行している妙見斎に仙千代を預けた。麟之助は仙千代より六歳年長の十六歳、後の等膳である。仙千代と定吉は妙見斎に二カ月余り潜《ひそ》んでいたが、ここも危うくなったため、伊勢に渡り神戸《かんべ》城主東條持広のもとに身を潜《ひそ》めた。仙千代はここで元服、持広の一字をとって二郎三郎広忠と名乗った。

清康と五郎右衛門が緊密な関係にあったことは、重臣定吉が広忠を五郎右衛門に託したことからも分かる。三河湾で活躍していた五郎右衛門は、海上交通を掌握していたから、三河領主松平家にとっては、何よりも頼りになる一族であった。後に家康が等膳を信頼したのも当然のことであった。

持広が病没すると、その子義安が織田方に内通したため、広忠と定吉は急ぎ神戸を抜け出し、遠州掛塚《かけつか》に隠れ、定吉は機を見て今川義元に主君広忠の帰国を願い出た。広忠の岡崎帰国は義元の利益とも一致したため、その願いは即座に受け入れられた。義元の口利きで、叔父の松平信孝・康孝や有力武将たちが、「正統である若君をお迎え申し上げる」と心を一つにしたので、信定は受け入れざるを得なかった。天文六年五月、十二歳の広忠は、三年ぶりに岡崎城に戻って松平を継ぎ、岡崎城主となった。

天文十年、広忠は刈谷城主水野忠政の娘於大《おだい》と結婚。翌年、竹千代（後の家康）が生まれた。竹千代誕生の頃は、松平家にとって内憂外患が続いていた。誕生の五カ月前、母方の祖父水野忠政が死去。於大の兄が家督を継いだが、父の意に背いて織田色を鮮明にしたため、広忠は於大を離縁せざるを得なくなった。天文十三年九月、竹千代は三歳（満一歳九カ月）で母と離別した。

竹千代、人質として尾張、駿府へ

竹千代六歳の時、織田信秀が、岡崎を総攻撃するという情報に、広忠はやむなく今川義元に支援を求めた。義元が人質を要求したため、竹千代は石川数正らの家臣に守られて駿府へ向かった。舟で田原に渡り、陸路駿府へ向かう途中、田原城主戸田康光に謀られて、尾張での人質生活を強いられた。信秀は「今川を離れなければ竹千代を殺す」と迫ったが、広忠は屈しなかった。（これについては、広忠の意志で織田方へ人質として差し出したという説も浮上している。）

一方、離縁されて実家の刈谷に戻された於大は、その後、知多郡の久松俊勝に再嫁《さいか》して、熱田から南方六里ほどの所に住んだ。天文十八（一五四九）年、松平広忠が織田方の刺客によって二十四歳で斬り殺されてしまった時、竹千代は八歳。松平家は、再び絶体絶命の危機に瀕《ひん》した。義元は広忠の死を知ると、「竹千代君が成人するまで、岡崎領のことはすべて義元が取り計らう」と申し渡し、重臣たちに妻子共々駿府に移るよう命じた。岡崎城は今川が抑え、岡崎領は義元の支配下に置かれた。

義元は即座に太原雪斎《たいげんせっさい》を総大将に大軍をもって安祥城を攻めたて、信長の庶兄織田信広を封じ込めた。談判の結果、信広と竹千代の人質交換が成立した。織田家では、信秀が春に病没、信長が家督を継いでいた。

竹千代は三年ぶりに帰国したが、亡父の墓参をしたのみで、駿府へ向かわなければならなかった。以後十九歳まで、駿府で人質生活を送ることになった。主のいない松平家は属領となり、所領安堵《あんど》も義元が行った。戦いがあれば、岡崎衆は先駆《が》けを命じられた。岡崎の家臣、民衆は臥薪嘗胆《がしんしょうたん》、一日も早い主君竹千代の成長と帰国を待ち望んだ。

JR 静岡駅北口に立つ竹千代像

竹千代の駿府人質時代

駿府の竹千代の人質屋敷は、現在の静岡市葵区鷹匠一丁目辺りが有力である。近くに、祖母源応尼（於富）の住む華陽院《けよういん》があった。源応尼は母代わりとなって、竹千代を愛し慈《いつく》しんだ。華陽院の智短和尚からは手習いや読書などを学んだ。

天文五（一五三六）年、今川氏輝が没し家督争いが起こったが、雪斎の働きで義元が家督を継いだ。雪斎は、四書五経や日本の古典・文化に造詣が深い上、軍略にも通じていた。

竹千代は、九歳からの約五年間を、雪斎から教えを受けた。幼くして母と離別、父の死に遭い、尾張・駿府での十四年余の人質生活の間で育《はぐく》んだ忍耐力や人間観察眼などと共に、雪斎の薫陶《くんとう》を受けたことが家康を古今無双の天下人にしたのであろう。

岡崎城主から征夷大将軍へ

元信（家康）の結婚、桶狭間の戦い

弘治三（一五五七）年一月、十六歳になった元信は重臣関口義広の娘で、義元の姪である瀬名（後の築山殿）と結婚した。十七歳の元信は、今川軍の先鋒として初陣を飾り、旧領の三百貫地を回復して褒美《ほうび》に腰刀を与えられた。そして、祖父清康の一字をとって「元康」と改名。永禄二（一五五九）年、嫡子信康が生まれた。

翌年五月、義元は二万五千の大軍を率い破竹の勢いで尾張へ向かった。元康は、信長の本拠に近い今川方最前線の大高城に兵糧を運び入れた。勝利を確信した義元は、桶狭間で休憩、酒宴を催した。五月二十日、折からの豪雨が信長勢に味方して、約一千の精鋭部隊は義元の本陣に猛襲をかけた。乱戦の最中《さなか》、義元は討死。今川勢は総崩れとなった。元康は、「義元討死」の報を受けて城を脱出、岡崎にある松平家の菩提寺大樹寺まで退却した。

永禄四年、元康は今川と訣別《けつべつ》。翌年早々に、信長と「清洲同盟」を結んだ。妻子も無事取り戻し、六年七月、「家康」と改名した。

僧録制度のきっかけとなった三河一向一揆

松平家康の行く手に三河一向一揆が大きく立ちふさがった。それまで今川氏によって優遇されてきた一向宗（浄土真宗）徒の反発は、家康が政策を転換して支配強化に乗り出したことが原因である。

西三河は加賀や越前と共に一向宗が盛んな土地であり、本多正信をはじめ家臣の中に門徒が多数含まれていたことが家康を悩ませたが、永禄七（一五六四）年、一揆は終息した。

これによって西三河が平定され、家臣団の結束が強固になり、家康は、この勢いを駈《か》って東三河の平定に成功、三河一国を統治する戦国大名になった。この一向一揆との苦い体験が、その後の家康の宗教政策に反映され、等膳の僧録任命につながったのである。永禄九年、徳川姓の勅許が下り、三河守に任じられた。

翌十年、嫡男信康と信長の娘徳姫が結婚。家康は武田信玄と和睦して、遠江に入った。同じ頃、信玄の駿河侵攻により、名門今川氏が滅亡。遠江の今川方は次々と家康に帰属し、今川の領国は徳川、武田の二つに分断された。

二俣城址

家康浜松へ、三方ヶ原の戦いで大敗北

家康は、交通と商業の要衝《ようしょう》である曳馬《ひくま》城を改修して、元亀元（一五七〇）年六月、岡崎城を信康に譲り、浜松に移った。

天正十四（一五八六）年、駿府城に移るまでの約十七年間を過ごした。元亀三年十一月、武田信玄の本隊は大軍を率いて駿河に進軍、高天神城を降《くだ》し見付に向かった。別動隊は、青崩峠を越えて二俣城を攻め落とし、次いで浜松城を素通りして進路を北西に変えた。これを見て家康は、家臣たちの反対を押し切って追撃したものの、武田の本隊とも戦うこととなり大敗北を喫してしまった。

翌四年四月、信玄は三河の野田城を落としたが、急に軍を返して甲斐に帰ることになり、その途中、長野県阿智村辺りで五十四年の生涯を終えた。信玄の死は秘され、家督は勝頼が継いだ。

その七月、織田信長が将軍足利義昭を追放したため、室町幕府は滅亡し、年号を天正（一五七三〜一五九三年）と改元した。

正室築山殿と嫡男信康の死

家康悲劇の引き金となったのは、信康の正室徳姫が父信長に宛てた十二箇条の訴状である。信康の粗暴な振る舞い、築山殿の徳姫に対する讒言《ざんげん》、唐人医師との密通などが記されていた。家康は信長の命に逆らえず、天正七（一五七九）年八月、信康の身柄を二俣城に預けた。

築山殿は八月末、佐鳴湖畔の小籔《こやぶ》に上陸したところで誅殺《ちゅうさつ》された。死の間際、「怨霊となって未来永劫《えいごう》祟ってやる」と叫んだという。殺害に立ち会った家臣やその関係者に祟りがあった話が数多く残されている。

半月後、信康が二十八歳で自刃した。「反逆の意、断じてなし」が最後の言葉だったという。

上：築山殿廟がある西来院　下：信康廟のある清瀧寺

等膳和尚ら築山殿の怨霊を調伏

築山殿の亡霊に悩まされていた家康は、等膳和尚に調伏《ちょうぶく》を依頼した。等膳は、二人の弟子と共に浜松城に赴いた。寺伝の一つ『由来略記』は、次のように記している。

大神君の正妻築山御前が罪を得て、誅殺《ちゅうさつ》されてしまった。築山御前の亡魂が蛇となって寝殿にとぐろを巻いているので、諸宗の僧侶を招いて追善供養をしてもらったが、憤魂は一向に鎮まらなかった。そこで家康は榊原式部大輔康政に命じて、等膳と二人の弟子の禅易・宋山を城内に召して、「速《すみ》やかに怪鬼を降伏させよ」と命じられた。師弟は寝殿にとどまり、一晩中一心不乱に祈祷し、さらに菩薩戒血脈を授けたところ、たちまちにして死霊は鎮まったので、等膳の高徳はいよいよ高まった。

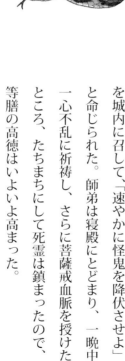

家康、江戸幕府を開く

天正十（一五八二）年三月、信長・家康軍が大挙して甲斐へ侵攻、武田勝頼は天目山で自決、武田氏は滅亡した。家康は信長から駿河一国を与えられ、三河・遠江・駿河の三国を領有することになった。しかし、その三カ月後、信長が明智光秀に討たれ、光秀は、高松城攻めから引き返してきた秀吉軍に敗れ、生涯を閉じた。

秀吉軍がほぼ天下を掌握。堺に滞在していた家康は、伊賀忍者服部半蔵らに守られて無事三河へ逃れた。等膳の出身地篠島には、この時、舟で家康一行が島に立ち寄ったという伝説が残されている。同年、家康は五カ国の大名となった。翌年十一月には、等膳を四カ国の僧録に任じている。

天正十四年十二月、家康は駿府城に移った。四年後、北条氏が秀吉に降《くだ》り、家康は関東六カ国を秀吉から与えられ、江戸へ移った。慶長三（一五九八）年八月に秀吉没。家康は翌々年九月の関ケ原の戦いで勝利を収め、慶長八年、江戸に幕府を開いた。

家康と等膳和尚との関係以来、可睡斎は十万石の待遇を受け、江戸時代を通じて徳川家と密接な関係を持ち続け、今日に至っている。

可睡斎 ● こぼれ話

それぞれの思いを込めた戦国武将の旗印

武田信玄の旗印が「風林火山」であるのをはじめ、戦国武将たちは自分の信念や願望を旗印に託し、戦いに向けて自身や軍団を鼓舞するように仕向けていた。

大樹寺にある「厭離穢土欣求浄土」の聯

信玄の宿敵であった上杉謙信は、戦さよりも仏道に生きることが信念であったため、正しい戦いしかしないと、仏法の戦いの神である毘沙門天の「毘」を旗印としていた。

一方、本書の主役の一人である徳川家康の旗印は、「厭離穢土《おんりえど》欣求浄土《ごんぐじょうど》」であった。「桶狭間の戦い」で今川義元が織田信長に討たれたことにより、義元の人質であった家康は身の危険を感じ、菩提寺の大樹寺に逃れた。しかし、信長軍に追い詰められ、切腹を覚悟することになる。そんな家康に、大樹寺の住職は、浄土三部経の「厭離穢土欣求浄土」という経文を言い聞かせた。「平和な浄土を願い求めるならば、必ず仏の加護を得て事を成すことができる。それがお前の仕事だ」と諭されたのだった。やがて危機を脱した家康は、以後、「厭離穢土欣求浄土」を旗印にしたのである。

僧録から大僧録へ

等膳を僧録に、可睡斎の寺格を高める

家康は、天正十一（一五八三）年、可睡斎の等膳宛てに「三河・遠江・駿河并伊豆国、右、四箇国為僧録之上、曹洞之寺院可致支配者也」の判物を出している。この僧録任命は、家康の領国における宗教統制の手始めであった。

元康から「家康」と改名して間もなくの永禄六（一五六三）年、岡崎領内に蜂起した一向宗門徒との間に家臣を二分しての激しい戦闘が半年間続き、苦しみ抜いた経験がある。盟友信長も、比叡山延暦寺や一向宗門徒との戦いで自分以上に苦しんでいたから、この時、家康は、宗教政策の重要性を痛感したに違いない。

僧録は家康の領地である三河・遠江・駿河・伊豆の四カ国の曹洞宗寺院を管轄し、人事や寺格の昇進等、もめ事や裁判などの決裁を下す重要な任務である。等膳の僧録任命によって、可睡斎は、一挙に管轄下の寺院に対し絶対的な権力を有することになった。

磐田市下野部の一雲斎

寺伝の一つ『秘録之分』に、家康が前述の判物を下した時、等膳が「寺院を支配し、厳科仕置きを取り計らうことは、沙門《しゃもん》の身としては不心得に存じます」と断ると、家康がその言い分の矛盾を衝《つ》いて重ねて説得したので、等膳和尚は恐れ入り、上意を受けたとある。家康の命は、等膳にとっては驚天動地の話だったのである。

家康は任命と同時に、可睡斎を僧録にふさわしい寺格にするために、可睡斎の本寺である一雲斎に命じて如仲天誾《てんぎん》・真巌道空・川僧《せんそう》慧済《えさい》の世代牌を可睡斎に遷座させた。また、代償として一雲斎には多大な寄付をして、等膳の隠居寺とした。この時以降、可睡斎は真巌派の本拠、大洞六派の頂主についたのである。

可睡斎重用の背景

可睡斎が大洞院や一雲斎をさしおいて重用《ちょうよう》された最大の理由は、浜松城から見て最も立地条件が良かったからである。可睡斎の位置は、家康の領国、三河・遠江・駿河・伊豆のほぼ中間地点にあって東海道に面し、東西には大井川と天竜川が流れ、北は信州・甲斐に続く秋葉街道が延びている。この地は、人と物資を運ぶ交通の要衝《ようしょう》のみならず、久野城の傍らにあり、軍事上も極めて重要な地点だった。家康はそこに目を付けたの

森町の秋葉常夜燈

である。

家康のそうしたもくろみを成功に導く切り札として、親交が深い上に実力人物共に信頼できる等膳和尚に白羽の矢を立て、等膳が心置きなく職務を果たせるよう可睡斎に大きな特権を与えるとともに、寺の格式もそれに相応しくなるよう整えたのである。

それから七年後、小田原の北条氏が滅んだ天正十八（一五九〇）年七月、豊臣秀吉の命で家康は関東六カ国を与えられ江戸へ移り住む。無からの出発で、家康は家臣団の地行割《ちぎょうわり》や城下町の建設などに奔走した。可睡斎では、この年の五月、等膳和尚の示寂《じじゃく》により禅易が十二世斎主を継いでいた。

その後、二度の朝鮮出兵、秀吉の死（一五九八年）、関ケ原の戦い（一六〇〇年）と続く。秀吉の没年である慶長三年に宋山が十三世を継いだ。

家康は江戸や駿府に宋山を招き、諸山の長老たちと法問をさせているが、その折も、宋山が卓越した指導力を発揮している。

等膳から宋山まで続いた家康との信頼関係が、江戸時代を通じて曹洞宗における可睡斎の地位を確固不動のものにした最大の要因である。

等膳和尚重用の要因

等膳和尚が何故これほどまで家康に重用されるようになったかと言えば、

（一）家康の父が仙千代と呼ばれていた時、身の危険を察した重臣らが岡崎城から連れ出して篠島に逃れ、若き日の等膳と共に二カ月間妙見斎で過ごし、その後石橋衆の助けを借りて伊勢へ逃れた。（『由来略記』他）

（二）家康が人質時代、駿府慈悲尾《しいのお》の今川氏親の菩提寺増善寺で等膳と出会い、篠島まで連れて行ってもらった。（『秘録之分』）

（三）家康が正室築山殿の亡魂に悩まされていた時、等膳は二人の弟子と共に浜松城で怨霊を鎮め、家康に感謝された。（『由来略記』他）

等が要因として挙げられる。

（二）は（一）の父仙千代の話が竹千代の話に混同されていった可能性もあるが、（三）については、天正七（一五七九）年八月、信長の命とはいえ、築山殿と信康二人を殺してしまった家康は、夜な夜な現れる築山殿の亡魂に悩まされていた。しかし、等膳らが亡魂を調伏したため、家康は等膳の高徳と法力に驚嘆し、一層の敬意と信頼を抱いた。

可睡斎 ● こぼれ話

家康公と等膳和尚出会いの原点、「篠島」

可睡斎という寺名の由来になった家康公と等膳和尚の出会い。その原点となったのが、「東海の松島」とも呼ばれる美しい景観の「篠島」である。

三河湾に浮かぶ篠島の歴史は古く、縄文・弥生時代の遺跡をはじめ、等膳和尚が住持であった妙見斎跡の近くでは横穴式石室古墳も発見されている。

大正十（一九二一）年に発行された『篠島史蹟』によれば、この島を訪れたのは、家康公ばかりでなく、坂上田村麻呂、源頼朝、後村上天皇、加藤清正、西行法師などの名も見られる。中でも加藤清正は、名古屋城の築城に際して良質の石材を篠島に求め、海路と運河でお城下まで運び、上へ行くほど急勾配になる「武者返し」の石組みで、難攻不落の城壁を完成させた。

ちなみに、等膳和尚の父親で海衆の五郎右衛門は島内の醫徳院《いとくいん》に薬師堂を建立したが、家康公はその志を良しとされ、苗字を与えられた。その折、「どんな姓が望みか」と聞かれたので、五郎右衛門は「然《しか》らば堅き姓を賜れたなら幸せ」と申し上げたところ、家康公は「石橋」という苗字を与えられた。篠島での石橋姓はこうして生まれ、現在もその子孫たちへと受け継がれている。

僧録寺院可睡斎、関三刹と共に大僧録に

家康駿府に隠居、可睡斎との関係復活

慶長八（一六〇三）年二月、家康は征夷大将軍に任ぜられた。二年後の四月に家康は将軍職を秀忠に譲り、慶長十二年に修築したばかりの駿府城に入った。以降十年以上途絶えていた家康と可睡斎との交流が復活する。

家康は駿府城に隠居した後、久しぶりに中泉亭（磐田）に出かけ、宋山を召し出し、話題が等膳・禅易に及んだ。二人がすでに世にいないことを知った家康は、朝廷に奏上し等膳に「鳳山仙麟」、禅易に「覆天一株」の諡号《しごう》（生前の行いを称えて死後に贈る名。おくりな）を賜るよう計らった。

慶長十七年一月、宋山は、駿府城において諸国の寺社の僧侶・神官などと共に大御所家康に年賀のあいさつをした。その後、家康の面前で、金地院崇伝《こんちいんすうでん》らが臨席する中、三十人余りの弟子たちと共に曹洞宗の論議を行った。終了後、宋山に銀、弟子には青銅銭一万疋、雲達（後の十五世斎主）には当時住持を務めていた正法寺の修理料が下賜された。家康が可睡斎をいかに大切にしていたかが分かる逸話である。

半年後、宋山は家康から「天下曹洞宗法度《はっと》」を与えられた。二十九年前の僧録は浜松城主家康からのものであったが、今回は江戸幕府からの任命である。他に、僧録寺院の「関三刹《かんさんせつ》」を命じられたのは、武蔵の竜穏寺・下総《しもふさ》の総寧寺、下野《しもつけ》の大中寺である。可睡斎は、三河・遠江・駿河・修禅寺を管轄することになる。寺社奉行の下、この四寺院で、管内の曹洞宗寺院を掌握した。これがやがて、全国曹洞宗寺院の檀家制度へと変化していく。

家康は駿府城において、大坂（豊臣家）の動静を監視しながら、秀吉の轍《てつ》を踏まないよう、それまでの三大権力機構（地方武士団・朝廷貴族・寺院勢力）の無力化を図り、「武家諸法度」「公家諸法度」「寺院諸法度」を公布した。「曹洞宗諸法度」は、曹洞宗独自の統治規定で原案作成は金地院崇伝である。

可睡斎は、家康の駿府城主時代の七年を含め、計二百六十年余を、僧録寺院として寺社奉行からの通達や訴訟その他の事務を取り扱い、徳川家の政治体制を支えてきたのである。

家康の死と江戸時代の可睡斎

江戸時代を通じて可睡斎は、常恒会地《じょうごうえち》（恒常的に多数の修行僧が安居《あんご》する道場）の寺格を持ち、十四世一機慧策《えさく》から三十八世因孝休覚《きゅうがく》までと第四十四世の碓山興宗《たいざんこうしゅう》は、時の将軍からの台命（将軍など貴人からの命令）により任命された。そのため新任斎主は、就任の御礼と年頭挨拶に江戸へ参府したのである。大名行列のように、出府の際の駕籠や供の人数まで指定された。

　慶長十八（一六一三）年の正月も、宋山は家康に請われて直々に法問を行っている。その秋、宋山は森町の全生寺へ隠居、一機慧策が十四世として晋山する。その後も家康の宋山への信頼は変わらず、翌十九年二月の曹洞宗の法問では宋山が師家《しけ》を務めた。大坂冬の陣直前の同年九月には、家康から禅の教えを尋ねられて奏上している。

元和二（一六一六）年四月十七日、徳川家康は駿府城において七十五年の波乱に満ちた生涯を閉じた。家康の死後、可睡斎と徳川家との関係は薄れたが、宋山の可睡斎における力はいささかも衰えることはなく、宋山は、十五世道中雲達、十六世泰伝存康、十七世一東秀天の住持就任を実質的に決めている。宋山は、寛永十二（一六三五）年九月、九十四歳で示寂した。その七年後、十七世秀天が示寂した後、実に五年もの間後任が決まらなかったのは、それまで斎主の人選に深く関わってきた宋山がいなかったからであろう。

寛永十六年、三代将軍家光から、寺領として上久野村に三十五国の朱印と境内諸役の免除を特別に与えられている。

現在、可睡斎には、家康公のご位牌と歴代将軍のご位牌を納めた立派な逗子《ずし》が祀られている。徳川家から拝領の重箱や硯等々、徳川家ゆかりの品々の一部が宝物館に展示されている。

家光公のご朱印状

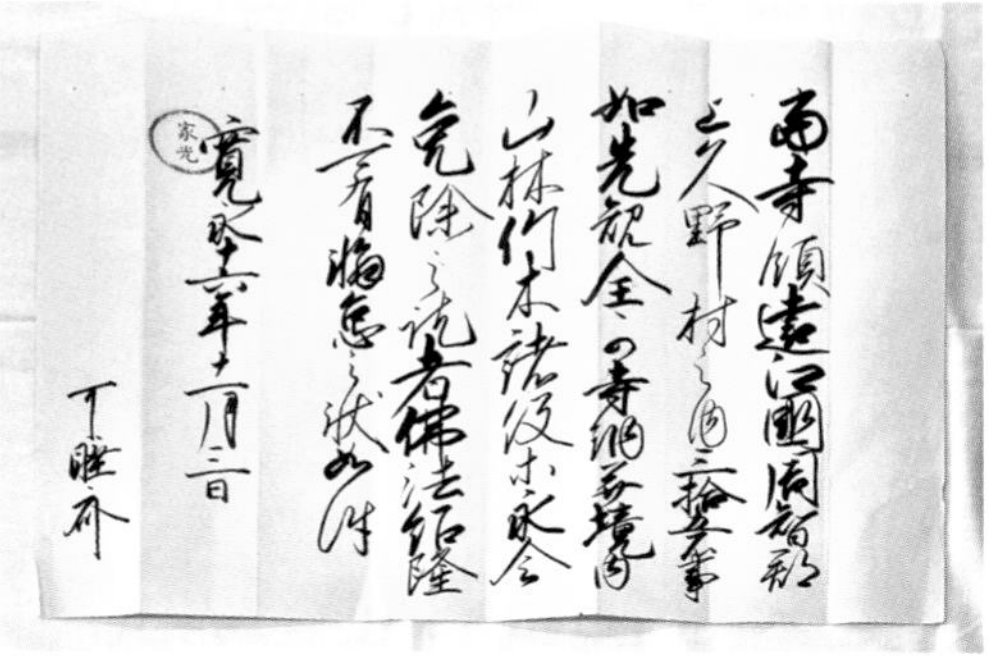

可睡斎と掛川藩主井伊家とのご縁

万治三（一六六〇）年三月に晋山した二十一世貴外嶺育時代の可睡斎は、時の掛川藩主井伊家との関係が密接になった。そのきっかけは、掛川藩主井伊直好が寛文二（一六六二）年に没した父直勝の葬送の地を可睡斎に決めたからである。直好は父親の墓地のある可睡斎に、仏供田《ぶくでん》として上山梨村の新田十石を寄進。その後も、井伊氏の代替わり毎に寄進している。

父直勝に遅れること十年、藩主井伊直好が死去。父の五輪塔の北方向、歴代斎主を祀った墓地の手前に直好の五輪塔は建っている。

左：井伊直好の五輪塔　右：井伊直勝の五輪塔

延宝三（一六七五）年十二月、可睡斎は、次の掛川藩主井伊直武から、直勝・直好父子の霊前へ寄進を受けている。その中には、蒔絵を施した掛盤・椀・皿・茶碗などのほか、鶴亀を配した燭台、獅子型の香炉・花瓶などが入っていたという。しかし、これらは、この年火災に遭い、僧録の裁判記録ほか貴重な史料の一部と共に焼失してしまった。

享保十四（一七二九）年、三十一世大昶光国《だいちょうこうこく》が可睡斎に晋山し、寺社奉行の許可を得て乱れていた僧堂の制度と清規《しんぎ》の則を一致させようと努力したが、転住により志は果たせなかった。その後を受けて、『萬松山清規』を考訂し、可睡斎はもとより三・遠・駿の三国にその厳守を徹底、成果を上げたのは、三十三世道山守賢である。在住二十五年、守賢の並々ならぬ指導力により宗風は改まり、江戸時代の可睡斎に輝かしい一時代を築くことになった。

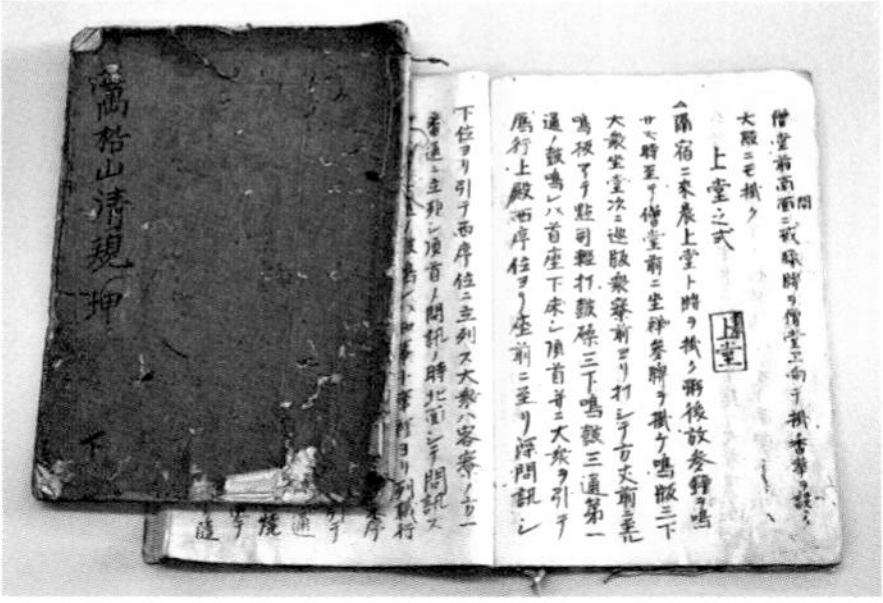
『萬松山清規』、森町最福寺蔵

秋葉信仰の総本山可睡斎

秋葉總本殿三尺坊の御真殿と總本殿碑

三尺坊の御真躰を祀る

「遠州千三百年の秘仏」として知られる秋葉三尺坊大権現の御真殿は、向唐破風《むかいからはふ》向拝《ごはい》付入母屋造りの、豪壮な建物である。

御真殿の堂内に入ると左側に売店があり、左右に飾られている巨大な天狗面が目を引く。正面の硝子障子には、「三尺坊大権現御真言　オンピラピラ　ケンピラ　ケンノウソワカ　三遍お唱え下さい　必ず心願成就します」とある。

御真殿内陣奥の御宮殿には、六十年に一度開帳される秋葉三尺坊大権現の御真躰が厨子の中に鎮座しておられる。

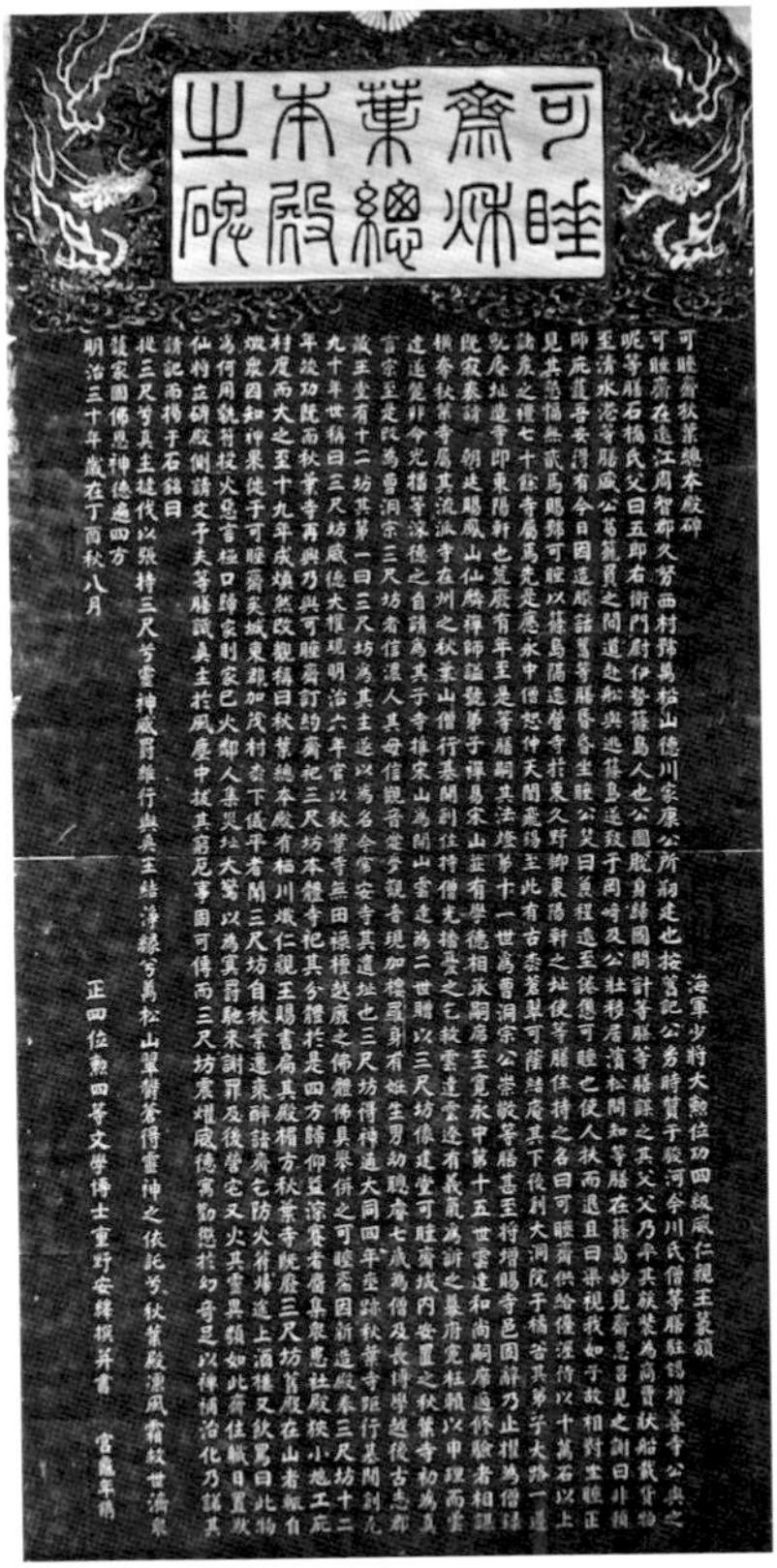

總本殿碑の拓本

漢学者重野博士の總本殿碑

御真殿への石段上り口の左手には、明治三十（一八九七）年に建立された「可睡斎秋葉總本殿之碑」が立っている。撰文は当代随一の漢学者で東京大学教授重野安繹《やすつぐ》（成斎）博士の手になる。

碑には、等膳と竹千代との駿府での出会いから始まって、家康が浜松城主の時、等膳を篠島から呼び寄せて可睡斎の住持に任じたこと。可睡斎の規模や沿革、秋葉寺の縁起、三尺坊が威徳大権現になるまでのいきさつ、火防のお札の霊威のこと。明治六年には秋葉寺が廃寺処分になり、三尺坊の御真躰などを可睡斎に遷したこと等々が記されている。

実在していた三尺坊、火防の霊場を開く

観音様の化身として

『遠州秋葉山本地聖観世音三尺坊略縁起』（一七一七年）によれば、三尺坊は信州戸隠の岸本家に生を受け、幼名は周国《ちかくに》。母親は熱心な観音信者で、観音堂に日参していた。すると、ある夜、観音様が三十三化身のうちの迦楼羅《かるら》神に身を変え胎内に入っていく夢を見、身ごもった。このことから、「三尺坊は観音様の化身」と言われるようになった。

成長した周国は、比叡山延暦寺の千日回峰行を終えて「大阿闍梨」となり、蔵王権現堂（新潟県栃尾）に戻って、十二坊第一の「三尺坊」に籠り、その主となった。

七難八苦の荒行《あらぎょう》の結果、護摩の炎の中に観音菩薩の化身である迦楼羅神の姿を感得し、自在に火を操り飛行できる神通力を獲得。「身火心火火防災除の大願」を成就し、迦楼羅神の御影に似た烏天狗の姿となったのである。迦楼羅神とは、インド神話の邪悪な竜を憎んで食するという巨鳥のことで、仏教界では仏法の守護神となった。

秋葉山秋葉寺と改称

烏天狗の姿となった三尺坊は白狐に乗り、剣と羂索《けんさく》を手に七十五の眷属《けんぞく》を従えて諸国を遊化《ゆうげ》、大同四（八〇九）年、遠州秋葉山へと至り、三大誓願等を起こし、普《あまね》く国・民を守護する火防の霊場大登山霊雲院を開いた。

嵯峨帝の弘仁年間（八一〇～八二四）に勅願所となって、秋葉山秋葉寺と改称、秋葉三尺坊大権現の鎮座道場としての威容を調《ととの》えた。

秋葉三尺坊大権現の三大誓願は、

第一　我を信ずれば、失火と延焼と一切の火難を逃す。

第二　我を信ずれば、病苦と災難と一切の苦患《くげん》を救う。

第三　我を信ずれば、生業と心願と一切の満足を与う。

であり、さらに「一心以て我を信ずれば諸々の心願必ず成就す」と説いた。

加えて次の十二誓願も立てている。

一、自他出火の難　二、弓箭《きゅうせん》鉄火の難　三、無実繋累《けいるい》の難　四、内外病疾の難

五、受怨呪詛の難　六、女人分娩の難　七、電雷風水の難　八、刀杖迫害の難

九、毒薬害身の難　十、毒蛇悪獣の難　十一、訴訟係諍の難　十二、貪瞋痴疑《とんじんちぎ》の難

可睡斎 ● こぼれ話

池の中のガマの背中に現れた「秋葉」の二文字

明治初期の「神仏判然令」により、秋葉三尺坊大権現の御真躰及びその他仏具一式や様々な伽藍などが可睡斎に遷座されたが、大同、弘仁年間（八〇六～八二四）に、火防の願を込めて三尺坊が整備したのは、秋葉山秋葉寺であった。

その「秋葉寺」という寺の名はどうして付けられたのか、という謂れについて、現在の秋葉寺のホームページで次のように紹介されている。

それによると、本来、秋葉寺のあった地域では昔から水が乏しく、三尺坊が神勅を蒙って天龍八部を招請したところ、たちまち応験があり、一夜にして境内西北の隅に泉が湧出したという。人々はみな歓喜し、水中を見ると明珠二つが輝いており、大干ばつの時に雨乞いするとたちまちに雨を呼んだ。

また、池の中にガマ（「降魔」とも書く）が泳いでおり、よく見ると背中に「秋葉」の二字が認められた。これにより、この寺を秋葉寺と号したと記されている。

〈参考資料／「秋葉山秋葉寺ホームページ」より〉

秋葉三尺坊大権現

全国に広がった秋葉信仰

元禄（一六八八〜一七〇四）の頃になると、「秋葉詣で」は、「伊勢参り」と並んで国中から参拝客が押し寄せるようになり、秋葉山は連日大変な賑わいであった。最盛期には信者集団三万以上、信者が三百万人以上存在していたと言われる。

秋葉詣でがこのように盛んになった理由は、三尺坊の出張開帳が全国各地で頻繁に催されたからである。

江戸期には、明暦の大火をはじめ多くの火災が発生したので、民衆はそれに遭わないよう強く願い、火に関する神仏を崇めるようになった。そして、行きたくても行けない人のために、代参という参拝方法も確立された。

可睡斎と秋葉寺の関わり

秋葉寺の復興

大登山霊雲寺を前身とする秋葉寺は、江戸時代には、お伊勢参りと共に秋葉詣でで賑わい、多数の僧侶や修験《しゅげん》者たちがいた。

戦国時代、秋葉山は交通及び戦略上の要衝《ようしょう》であった。武田信玄と家康は、犬居城主天野景貫を自分の陣営に入れるためにしのぎを削っていた。元亀元(一五七〇)年、家康が信玄との同盟関係を破り、越後の上杉謙信と結んだことで、信玄には遠江を攻撃する名分ができた。

元亀三(一五七二)年青崩峠を越えて遠江に侵入した信玄軍は秋葉寺に火を放った。この時、秋葉寺の被害は少なかったが、山が荒廃してしまったため、その後、家康は等膳に秋葉寺再建への支援を命じた。その結果、秋葉寺は伽藍が整い、往年の大寺院の面影を取り戻すことができた。

秋葉山秋葉寺

勧進所の開設と曹洞宗への改宗

秋葉寺復興の前後に、秋葉寺は秋葉山麓の「犬居秋葉」と浜松の「浜松秋葉」を新たに建立して勧進所とした。

寛永二（一六二五）年、秋葉寺住職昌春が示寂した際、後任住職問題で、僧侶側と修験側の浜松二諦《にたい》坊とが紛糾し、訴訟となった。その時、秋葉寺に別当を送っていた可睡斎が仲立ちをしたことにより、寺社奉行の裁定は寺院側の言い分が受け入れられた。これが契機となって、秋葉寺はそれまでの法相宗（新義真言宗）から曹洞宗へ改宗し、可睡斎の末寺となった。その折、秋葉寺から可睡斎へ秘仏「別伝秋葉三尺坊大権現」がご遷座された。

秘仏は、平成二十七（二〇一五）年四月十一日から六月三十日までご開帳され、連日多数の参拝者で賑わった。

有栖川宮家とのご縁

慶応四（一八六八）年四月、可睡斎は有栖川宮家の祈願所に選ばれて、紋付きの幕や高張提灯などの什物《じゅうもつ》の寄進を受けている。六月には、御用金の調達仕法の依頼を受け、八月には幟仁《たかひと》親王より「護国殿」の額を賜った。

明治十九（一八八六）年には、幟仁親王の長男熾仁《たるひと》親王から自筆の「秋葉總本殿」の額を賜り、これを機に、「秋葉總本殿可睡斎」と呼称するようになった。

熾仁親王は、東征大総督として江戸へ進軍した官軍の総大将で、維新後は、新政府の要職を歴任。二十三歳で夭折した正妻貞子は徳川慶喜《よしのぶ》の妹である。

現在も全国各地に秋葉の名が付く神社仏閣は数多くあるが、その多くは、可睡斎の三尺坊大権現のご分霊を祀っている。

可睡斎へ御真躰をご遷座

三尺坊は神か仏か

明治元（一八六八）年、宗教関係では神仏判然令が発布され、秋葉山にも還俗《げんぞく》の命が下った。この時、三尺坊が神か仏かの議論や寺院の存続などについて、秋葉寺の僧侶と修験道の六院との間に訴訟が起こり、紛糾を重ねた。

江戸時代以前、三尺坊は神社仏閣分け隔てなく安置され、「権現」と呼ばれる神とも仏ともとれる様々な信仰対象となっていた。このことから権現である三尺坊も神仏判然令の対象となった。これを受けて、三尺坊は観音様の生まれ変わりであるから仏様であるというのが寺院側の主張であった。しかし、浜松県が秋葉寺に対し様々な県令を発布したため、寺院側はそれに応じて必要な書類を提出したが、受理されなかった。結果的に、秋葉寺はその後廃寺処分となってしまう。

御真殿内部

秋葉寺廃寺、御真躰など可睡斎へ

明治維新の神仏判然令により、全国的に廃仏毀釈《きしゃく》の嵐が吹き荒れた。その騒動の最中《さなか》の明治五（一八七二）年、秋葉寺四十三世祥鳳舜瑞《しょうほうしゅんずい》が示寂。しばらく無住となったため翌年、「無住、無檀、無禄の寺院霊場は統制廃寺」という太政官法令に抵触することを理由に、秋葉寺は廃寺となった。そのため、秋葉三尺坊大権現の御真躰のご遷座をはじめ、奥之院や輪蔵堂などの建造物や仏具・什器《じゅうき》などの一切が本寺である可睡斎に移された。

山門最大の行事「火防大祭」

可睡斎では、明治時代以降、大正、昭和、平成を経て、令和の時代になっても毎年十二月には秋葉總本殿三尺坊大権現、最大の行事として、火防大祭（秋葉の火まつり）が盛大に開催されている。

火まつりの日程は次の通り。（詳細は年中行事の項）

十二月十五日　十五時　大祭大祈祷に続いて御輿《みこし》渡御
十九時三十分　松明《たいまつ》道中
二十時　三徳祈祷　火渡り
手筒花火奉納　注連縄《しめなわ》のお授け
二十二時　山払い
二十三時　秘法七十五膳御供式

十二月十六日　午前零時　法話
零時四十五分頃　神饌のお授け
六時　御輿還御　納めの御祈祷

今日の可睡斎の礎を築いた高僧たち

四十七世　西有穆山禅師

明治初年の仏教界の危機に立ち向かう

西有穆山は文政四（一八二一）年、青森県八戸《はちのへ》の生まれ。十三歳で得度、二十一歳で江戸駒込吉祥寺の栴檀《せんだん》学林に入学。二十三歳で牛込鳳林寺の住職となり、三十歳の時、小田原海蔵寺の月潭《げったん》全竜和尚の膝下《しっか》で『正法眼蔵』を参究。

明治元（一八六八）年の神仏判然令を受けて、同五年、新政府により諸宗合同の研究機関として大教院が認可された。その後、政府の強い意向で大教院に神道側の教導職も参加し、神道色が強化されたため、仏教界側から大教院分離運動が起きた。穆山は、永平寺久我《こが》環渓貫首の知遇を得て、この運動の先導者として、各宗派から選ばれた僧侶たちと行動を共にし、その名を高めた。同じころ、大教院が法要以外は「僧服をやめて一般人と同じ服装にする」ことを決定したが、穆山の論難抗弁によってそれを覆《くつがえ》させた。

禅師が最も活躍した可睡斎時代

穆山は明治十年、「曹洞宗大学林専門学本校」の教師に就任。同年、五十七歳で可睡斎に晋山した。四年後、可睡斎は大本山總持寺の準直末寺院扱いとなった。同時に、永平寺から高祖道元禅師の御霊骨三顆中《か》の一顆を賜っている。その後、總持寺直末寺院に昇格している。西有禅師が最も活躍したのは可睡斎時代であった。

十五年間にわたる斎主期間、比類なき学徳と卓越した指導力を発揮し衆を率いて可睡斎の寺格を高め、秋葉講の拡大に努めた。五十四世鈴木泰山斎主は、次のように記している。

西有穆山の本領は、高祖道元禅師の大著『正法眼蔵』の研究と、それによる「道元禅」の実践である。その学徳の故に多くの雲衲《うんのう》が精修練行し、彼らの生活費だけでも莫大《ばくだい》となって財政も逼迫《ひっぱく》するに至ったため、穆山は退任を決意し、後任に洞門中屈指の分限者《ぶげんしゃ》でもある日置默仙を招き、自身は教育教化三昧《ざんまい》の生活に入った。

可睡斎での法要時の写真。左から秋野、西有、日置の三禅師

布教の達人日置黙仙に可睡斎を託す

二人の出会いは、明治八（一八七五）年の曹洞宗門の第一次総代議員会議の場であった。年の差を超えて二人は意気投合し、子弟以上、随身以上の間柄となった。

明治二十五年、七十二歳の西有斎主は円通寺の日置黙仙に「恭上請状」と上書きして、次の書を出している。

可睡斎ハ宗門有数ノ巨刹ニシテ東西両都ノ中央ニ位シ数万ノ信徒ヲ有セリ　実ニ布教ノ要地ト云ヘシ　若《も》シ住職其人ヲ誤ル時ハ特《ひと》リ一山一国ノ害ニ止《とど》マラズ遂ニ宗門ノ全面ニ波及スルヤ必セリ　此レ老衲《ろうのう》ノ常ニ憂慮スル所ナリ　願《ねがはく》ハ閣下此等ノ情実ヲ洞察シ又門末檀中諸氏ニモ説明シ速《すみやか》ニ点頭シ古希ヲ過ギタル老朽本懐ヲ遂《と》ケ令《し》メヨ　霓望《げいぼう》ノ至《いたり》ニ堪《た》ヘズ

可睡斎を立て直してくれるのは日置黙仙以外にはいないと、二十六歳年下の日置黙仙に誠心誠意心情を吐露している。

『日置黙仙禅師傳』には、次のように記されている。

禅師は、恭しく押戴いてから再三拝読し、感激の涙に咽《むせ》ばれたのである。（略）西有禅師の如き宗門稀有の碩徳《せきとく》をしてかかる伽藍経営に苦心あるは宗門の一大損失であり、是非宗門教育に専ら力を注がれたいとかねて禅師は進言されてゐたが、時至らずして、徒《いたずら》に月日が過ぎてゐたのである。この請状は実に真情を流露《りゅうろ》して、言々句々《げんげん》、惻々《そくそく》として胸に逼《せま》るものがある。（略）是非とも老禅師をご安心させ申させずんば、と決意されたのである。

西有斎主退任の日、黙仙は西有老師の手を取って石段を下り、人力車が走り出すや自らも人力車で後を追い、穆山の隠棲先の伝心寺（島田市）に三、四日留まり語り合ったという。一方、穆山は、新斎主黙仙の晋山開堂の祝典に際し、四、五日前から上山して準備万端の指揮を執った。

穆山は明治三十三年八十歳の時、篤信者が建立した西有寺《さいゆうじ》（横浜市）に招請《しょうせい》されて開山初祖となった。翌年三月、大本山總持寺の貫首となり、六月には明治天皇から「直心浄国禅師」の号を勅賜《ちょくし》され、その翌年、曹洞宗管長に就任。西有禅師には、『正法眼蔵啓迪《けいてき》』三巻をはじめ二十余の著述がある。

四十八世　日置黙仙禅師

可睡斎に専門僧堂開設認可

日置黙仙は、弘化四（一八四七）年、伯耆国《ほうきのくに》（鳥取県中部）の生まれ。四歳で弟を、十歳で母を失い、世の無常を感じる。十一歳で出家を志し、翌年三月因幡国《いなばのくに》中興寺の笑巌黙中和尚に弟子入り。十五歳で得度、名を黙仙と改めた。この時の黙中和尚の訓戒、「一身を以て貫く」を生涯守り通した。

黙仙幼少時の父の躾《しつけ》や教育は、近隣に知れ渡るほど厳格で、それに耐えたことが、黙仙の一生を決定づけたといってよい。十八歳の時、加賀国天徳院諸嶽奕堂《えきどう》老師に参じ、二十一歳で印可を得る。

明治十九（一八八六）年、神戸福昌寺内に聯芳学林を創立し、林長となる。明治二十五年十一月十五日、四十六歳で可睡斎に晋山。三年二カ月後、「僧堂開設」の認可が下《お》りた。

境内に活人剣や護国塔を建立

可睡斎時代の日置斎主の数ある業績の中で特筆すべきは、日清戦争にまつわる活人剣と、日露戦争の戦没者を祀った護国塔の建立である。日本中の人々がその偉業に目を見張り、可睡斎の名を天下に知らしめた。

活人剣建立の明治三十三年に、シャム国（現・タイ）皇帝からわが国にお釈迦様の「仏舎利」が贈られることになり、日置斎主が日本仏教界を代表して、浄土真宗の大谷光演法主と共に渡航し、授受している。

さらに、護国塔建立の翌年に当たる明治四十五年一月には、仏跡参拝のため、インドに出発。ダージリンに滞在中のダライ・ラマと会見、その後、ビルマ、インド各地を巡錫した。

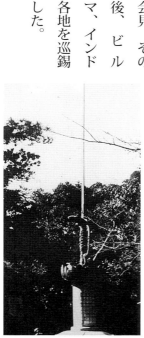

永平寺貫首に就任。身近な人が語る禅師の人となり

日置斎主は大正五（一九一六）年、大本山永平寺の六十六世貫首に就任し、二十三年七カ月半にわたる可睡斎生活は、幕を閉じた。同年六月、「明鑑道機禅師」の勅賜号を贈られ、翌年、曹洞宗管長に就任。席を温める間もなく、禅師は高祖道元禅師の誕生地を探し当て、妙覚山誕生寺の建立に力を尽くした。

大正九年、転錫《てんしゃく》中の越後養広寺で倒れ、九月二日七十四歳で示寂。永平寺熊沢泰禅貫首は「御人格は磊落瀟洒《らいらくしょうしゃ》、禅僧の中の禅僧といった御風格の持ち主であった。殊《こと》にその弁舌の訥《とつ》にして雄、雄にして訥といった点には、一種不思議な魅力があり、しばしば聴衆をして魅了せしめられたものである」と追憶している。

黙仙揮毫の掛軸

奇《く》しくも禅師と同郷の可睡斎五十七世佐瀬道淳斎主は、可睡斎時代の日置禅師を次

のように回想している。

日置禅師が入山されたころの可睡斎は、安政の大地震の復旧が手付かずのままの惨憺《さんたん》たる有様で、雨の日は屋内の移動にも傘が必要だったと言います。禅師は率先垂範、奥之院や本堂の建設、大庫院をはじめとする諸堂の修繕、経蔵の発願などに全力を傾注する一方、活人剣や護国塔の建設という大事業を成し遂げたのでした。なかでも、宗派を越えた一大事業として、中京の地に大伽藍を建立してシャム(タイ国)国王から戴いた仏舎利を祀り、そこを仏教の一大道場とする案が決定しました。しかし、着手したものの、他の宗派が次々と撤退して行く中、最後まで残り可睡斎の修行僧を幾度となく引き連れて名古屋市の日暹寺《にっせんじ》(現・覚王山日泰寺《にったいじ》)を完成させたのは禅師様でした。

覚王山日泰寺

日置禅師は、寺院経営や布教教化だけでなく、多くの著述と禅話・講話などを残しており、主なものを挙げると、『現代生活と禅』『活禅活話』『黙仙禅話』などがある。

四十九世　秋野孝道禅師

地元相良の出身、多彩で豊富な修行歴

秋野孝道は、安政五（一八五八）年、現在の静岡県牧之原市相良《さがら》の生まれ。明治五（一八七二）年、同市勝間田長興寺の伊藤慶道に就いて得度。同十一年、森町大洞院で九十日安居。翌年、浜松の天林寺専門支校に入学し、その一年後、長興寺住職加藤玄裔について嗣法。同十五年、二十五歳の時、東京駒込の曹洞宗大学林専門学本校に学ぶ。四年後、西有穆山に師事して『正法眼蔵』の研鑽《けんさん》を積み、参究すること十三年。焼津市出身の岸沢惟安《いあん》と共に二神足と称された。

同二十二年に島田市天徳寺の住職となり、その三年後、曹洞宗大学林学監に就任。その後、曹洞宗大学林教頭、「師家」などを経て、永平寺の後堂《ごどう》。同四十年七月には天徳寺住職のまま大洞院に昇住している。

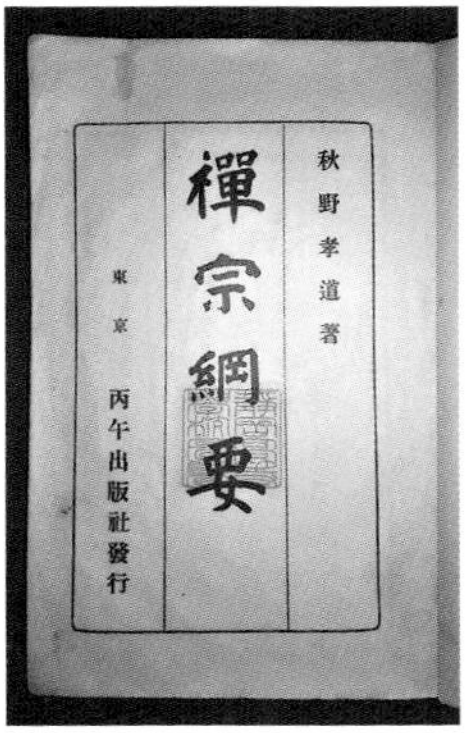

行学一如の俊才、禅宗界の大学匠に

明治四十二年には、曹洞宗大学林長（現・駒澤大学学長）に就任。大正五（一九一六）年六月、五十九歳で可睡斎四十九世斎主となった。孝道は僧堂教育から出発して、禅宗界での大学匠となった逸材である。

可睡斎時代の大正九年に『禅宗綱要』を上梓。翌年には、東京帝国大学文学部禅宗講座の初代講師に招かれている。

五十四世鈴木泰山斎主は、次のように評している。

> 秋野孝道の不朽の名著として第一に挙《あ》ぐべきものは『禅宗綱要』である。各宗各派の綱要中白眉中の白眉といっても過言ではない。全体を五編三十一章に分類しており、東京丙午出版社から刊行されたのは大正九年の六月で、六十余年前のことであるのに今日に至るまで類書が出版されていないのは、本書の右に出《い》ずる執筆者のいまだなきことの証左である。幕末時代に生まれて明治前半に寺子屋教育の系譜に連《つら》なる禅寺教育の畑の中に育った人としては、全く偉業というべき科学的著述である。

輝かしい研究歴、数々の著書

昭和四（一九二九）年、大本山總持寺の西堂、十二月には貫首となる。翌五年、曹洞宗管長に就任。同年、昭和天皇から「黙照円通禅師」の称号を下賜《かし》されている。

秋野禅師は、貫首として多忙を極める中、『普勧坐禅儀講話』『坐禅用心記講話』『雪竇《せっちょう》頌古称提講話』を次々と刊行する。その過労がたたってか、同六年突然発病。一旦は快方に向かったが、同九年、病気が再発して、七十七歳で示寂《じじゃく》した。

著書に、『碧巖集講話』『修養禪味』『従容《しょうよう》録講話』『禅学入門』『禅の骨髄』『禅学真髄五位要訣』『正法眼蔵講話』『徹底禅』など多数ある。

五十一世　髙階瓏仙禅師

日置禅師に随身、日々学び吸収する

髙階瓏仙《たかしなろうせん》は、明治九（一八七六）年、福岡県の生まれ。十五歳の時、福岡県碓井《うすい》町永泉寺髙階黙僊老師について得度。同二十九年、曹洞宗大学林に入学。同三十三年、可睡斎主日置黙仙に師事、印可を受ける。同三十七年、日置斎主に随身し、副寺《ふうす》として四年間、斎主を補佐。この間の同三十八年から、森町飯田の崇信寺《そうしんじ》住職。同四十二年には、曹洞宗大学林教授に就任。大正四(一九一五)年、福岡市安国寺の住職就任のため可睡斎を退任。同時に曹洞宗大学林も辞任。

翌五年、日置斎主の永平寺貫首就任により瓏仙は安国寺を退任し、日置禅師に随行。翌年、日置禅師は曹洞宗管長に就任した。

同九年、日置禅師の示寂により、總持寺の新井石禅禅師の随行長を務め、同十二年一月から四月まで仏跡参拝のためインドに渡った。

可睡斎を社会に開放、堂塔伽藍の整備に尽力

昭和六（一九三一）年、高階瓏仙は秋野禅師の推薦を受けて可睡斎第五十一世斎主となった。斎主十年の間に、後に国登録有形文化財となる瑞龍閣や大東司《とうす》をはじめ、御真殿御供所や御輿《みこし》倉ほか堂宇の増改修にも力を注いだ。

高階禅師報恩大授戒会（平成 29 年）

斎主在任時ひときわ目立つのは、「お授戒」の多さである。授戒とは、「仏様の戒法をいただき、仏様の御子として諸仏の加護を受けて戒名をいただく」法要である。高階斎主が可睡斎時代から示寂するまでの三十七年間に、授戒師として足を運んだ寺院は実に百三十余カ寺にも及んだ。

また、可睡斎を広く社会に開放して、一人でも多くの人に仏教の功徳を得てほしいと、「夏期仏教講習会」や「眼蔵会《げんぞうえ》」なども度々開催している。

三尺坊御遷座六十一年奉賛大開帳会（昭和 12 年）

　高階斎主時代の一大行事は、同十二年の四月五日から一カ月間の「秋葉總本殿三尺坊大権現御遷座六十一年奉賛大開帳会」である。日本各地はもとより海外から集まった十数万の信徒で、連日お山は大賑わいであったという。

　高階斎主は、同十六年六月、大本山總持寺貫首に推され七月入山、独住第十二世に就任している。同月には、昭和天皇より「大鑑道光禅師」の勅賜号を下賜された。その翌日、永平寺に入山し第七十一世貫首に就任。「別置《べっち》管長」である。

　同十九年二月、曹洞宗管長に就任した。

国内外を巡錫、曹洞宗の発展に尽くす

昭和二十（一九四五）年の終戦後も、以前と変わらず管長としての任務を遂行した。十一月には戦災物故者追悼、戦災寺院への見舞金交付などのために、仙台・宇都宮・静岡・可睡斎・広島・長崎・岡山・愛媛などへ巡錫。

同二十五年、セイロン島で開かれた世界仏教徒大会と、コロンボで開かれた第一回世界仏教徒会議に日本代表として出席。八十歳でブラジルに渡り、禅源寺を開創。その後、ブラジルのサンパウロに布教総監部を設置、ローランジャに佛心寺を開創している。三十九年、ブラジル開教十周年法要に出席。その人柄と国境を越えた活躍から、「世界の管長」と称えられ崇敬された。

同三十五年、大船観音の落成式に出席。これは日置禅師が発願《ほつがん》し高階禅師の代に完成し

ブラジルサンパウロにある佛心寺

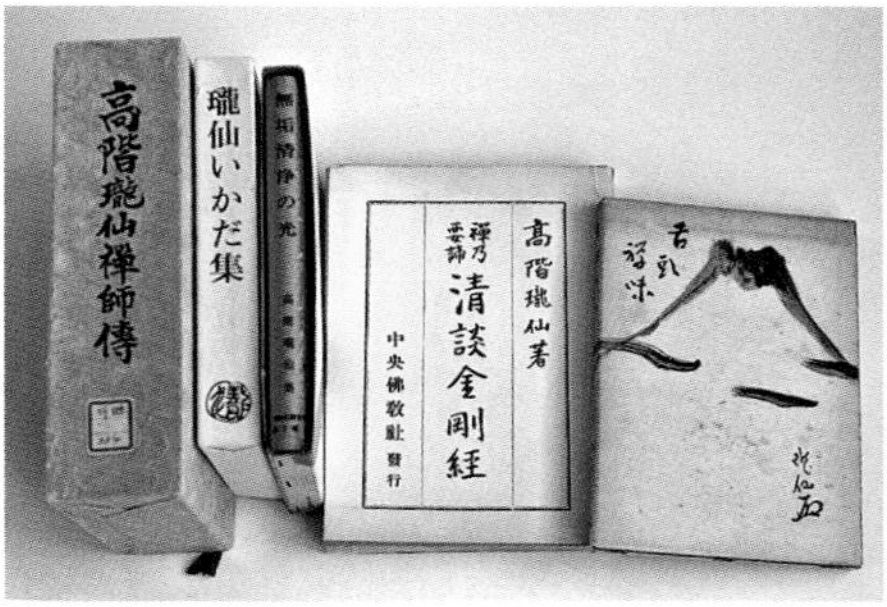

た観音様である。

同四十三年、急性心不全のため示寂。九十三歳だった。

可睡斎発行の『高階瓏仙禅師傳』には、第五十三世原田亮祐斎主の次のような回想が寄せられている。

宗門の師表、教界の木鐸として、空前絶後の方であった。威あって猛からず、慈にして乱れずと古人は申しましたが、誠にその標本的な方でございました。ご生涯は終始一貫、真摯なるご道念と、確固不動のご信念のほとばしり出たものでした。

著作に、『清談金剛経』『現代名僧講話』『無垢清浄の光』ほか多数。

日清戦争の講和記念碑活人剣

可睡斎に二つの活人剣

可睡斎の総門をくぐって進むと、山門左手に天に向かって聳え立つ青緑色の剣のモニュメントが目に入る。平成二十七（二〇一五）年九月竣工の平成の活人剣である。

可睡斎には、奥之院の手前六の字穴の向かいに、もう一基活人剣がある。明治三十三（一九〇〇）年九月に立剣式を行った髙村光雲作の活人剣である。この剣碑は日清戦争終結時の陸軍軍医総監佐藤進（順天堂第三代堂主）の偉業を末長く顕彰すると共に、日清両国の戦没者供養のために建てられた。今は、石の基壇のみ残っている。

講和交渉を揺るがす大事件勃発

その由来をたどると、明治二十七年七月に勃発した日清戦争は、日本の優勢《ゆうせい》裡《り》に進んで、翌年講和交渉が始まった。清国全権大臣として来日したのは、直隷総督・北洋大臣の李鴻章《りこうしょう》。日本側の全権は伊藤博文首相だった。

会場は下関の春帆楼《しゅんぱんろう》。交渉が難航する最中の三月二十四日、李鴻章が会議場から宿舎の引接寺《いんじょうじ》に帰る途中、暴漢小山豊太郎にピストルで狙撃され、顔面左眼窩《がんか》下に重傷を負う大事件が勃発した。

この事件は日本中を震撼させた。李鴻章のその後の生死如何《いかん》によっては、交渉の行く手に重大な影響をもたらす。明治天皇は直ちに勅命で軍医総監佐藤進を下関に派遣した。佐藤進は国運を担って治療に専念。その甲斐あって、幸いにも李鴻章は一命を取り留め、順調に回復に向かった。

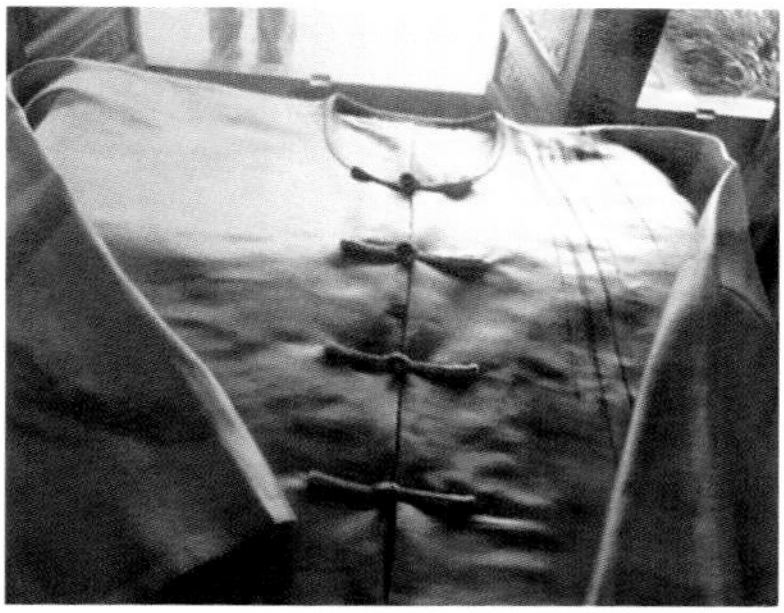

血痕が残る李鴻章負傷時の着衣

李鴻章を唸らせた活人剣問答

治療中の二人の会話の様子が、次のように剣基壇の円柱に刻まれている。

ある日、李鴻章が佐藤進博士に尋ねて言った。「軍医総監殿、日ごろから武装（軍服帯剣）しておられるのは再び戦争があるのを知ってのことか、それとも……」。博士が応えた。「我が国にどうして戦争を知らない者などおりましょうか」。李鴻章が言った。「医師の仕事にどうして剣が必要なのですか（剣など不要では）」。博士が答えた。「これは人を殺《あや》める殺人刀《せつにんとう》ではなく、人を生かす活人剣《かつにんけん》です。私は医師として、日夜ありとあらゆる病魔と戦い、必ずこれに勝とうと取り組んでおります」。李鴻章は、なるほどとしばらく感動に浸っていた。

活人剣の言葉が佐藤進の口から当意即妙に出たのは、西有穆山《にしありぼくざん》のもとで参禅した経験があったからであろう。この時、李鴻章七十三歳、佐藤進は五十歳。

李鴻章

佐藤進

「妙手回春」と佐藤を称えた七言律詩

明治二十八（一八九五）年四月七日、傷口がほぼ完治。十二日、佐藤進が新聞に載った「活人刀」と題する七言律詩（作者不明）を李鴻章に示した。

豈要軍中講六韜　豈《あ》に軍中に六韜《りくとう》を講ずるを要せんや　どうして軍《いくさ》の最中に兵法書『六韜』を講ずる必要があろうか。

青嚢一個建勲勞　青嚢《せいのう》一個、勲勞《くんろう》を建つ　医学書『青嚢』が一つあれば、勲功を立てることができるのだ。

才如方朔奇言湧　才は方朔《ほうさく》の如く、奇言湧く　知の才能は、東方朔のように、当意即妙な言葉が湧き出す。

術似華陀令譽高　術は華陀《かだ》に似て、令譽《れいよ》高し　医の優れた技量は、華佗に似て、名声が高い。

世上皆推医國手　世上、皆推す、医《い》の國手《こくしゅ》　世間では皆が医の国手と推薦している。

腰間常佩活人刀　腰間、常に佩《は》く、活人刀《かつにんとう》　腰には、常に活人刀を佩いている。

蓬莱自有長生薬

蓬莱《ほうらい》自《おの》ずと有り、長生の薬

蓬莱《ほうらい》の地、ここ日本には不老長寿の妙薬《みょうやく》がある。

不向瑤池偸碧桃

瑤池《ようち》に向かはず、碧桃《へきとう》を偸《ぬす》まんと

だから、瑤池《ようち》には向かわない、碧桃《へきとう》を偸《ぬす》もうと。

この漢詩を読んで、李鴻章は「佳句だ、私も詩を作ろう」と言い、翌日、「妙手回春」と佐藤を称えた七言律詩を贈った。

耄年秉節赴東瀛

耄年《もうねん》、節《せつ》を秉《と》りて、東瀛《とうえい》に赴く

七十歳を過ぎた私は、清国光緒帝の命を受け全権大臣となり、東海の日本にやってきた。

願化干戈見太平

願はくは干戈《かんか》を化して、太平を見ん

願うところは日清間の戦争を終結させ両国の平和を実現することである。

李鴻章の七言律詩拓本

盟約重申同富弼
伏戎一撃鄙荊卿
奇才醫國君無敵
妙手回春我更生
待乞寶星邀上賞
綠章歸去達通明

盟約《めいやく》の重申《じゅうしん》は、
富弼《ふひつ》に同《おな》じ
伏戎《ふくじゅう》の一撃は、
荊卿《けいきょう》を鄙《ひ》す
奇才なり、國を醫《すく》ふ、
君に敵無し
妙手回春《みょうしゅかいしゅん》、
我更生す
待て、寶星《ほうせい》を乞ひ
上賞を邀《むか》ふるを
綠章《りょくしょう》もて歸去《ききょ》し、
通明《つうめい》に達せん

講和の約束を守ると重ね重ね申し上げるのは北宋宰相で外交に尽力した富弼と同じ思いだ。

私を襲った暴漢の一撃は、秦の始皇帝暗殺を謀った荊軻卿に比べ、取るに足らない。

稀なる才知に溢れた貴君は、危機的な国難を救った。誰も貴君に敵うものはない。

その優れた医の手腕のお陰で快癒し、私は再び生き返ることができた。

お待ちください、宝星勲章をもらえるよう取り計らうので、お上からの褒賞を。

その手続きのための上奏文を持って帰国し、光緒帝にお伝えいたします。

日置黙仙斎主、記念碑建立を発願

佐藤進と李鴻章をめぐるこの逸話は、医学上の名誉のみならず国家のためにも未来永劫《えいごう》記憶すべき美談として世に喧伝された。日置黙仙斎主は、「この偉業を称えると共に、日清戦争で亡くなった両国の人々を敵味方の区別なく悼《いた》む記念の供養塔をつくろう」と発願。各地を巡錫し説いてまわったところ、予想以上の賛同者を得て建設の運びとなった。

建設までの経緯については、活人剣の製造監督に当たった前田香雪の『夜行汽車』(日本美術協會刊)に詳しい。明治三十(一八九七)年十一月、前田は大内青巒《せいらん》や実業家河瀬秀治などと協議、図案設計を一任された。活人剣の形状は、日本人の記念物であることや仏地の荘厳等を考慮して製作された。剣と台座は銅鋳造とし、基壇の円柱石材に銘文を刻した。碑の高さは剣先まで二十尺(約六・一メートル)である。

銅鋳部分の木型製作を帝室技芸員で東京美術学校教授の高村光雲が担当、東京象型鋳造会社の藤井利延がその後を託された。円柱の銘文彫刻と台石の組み

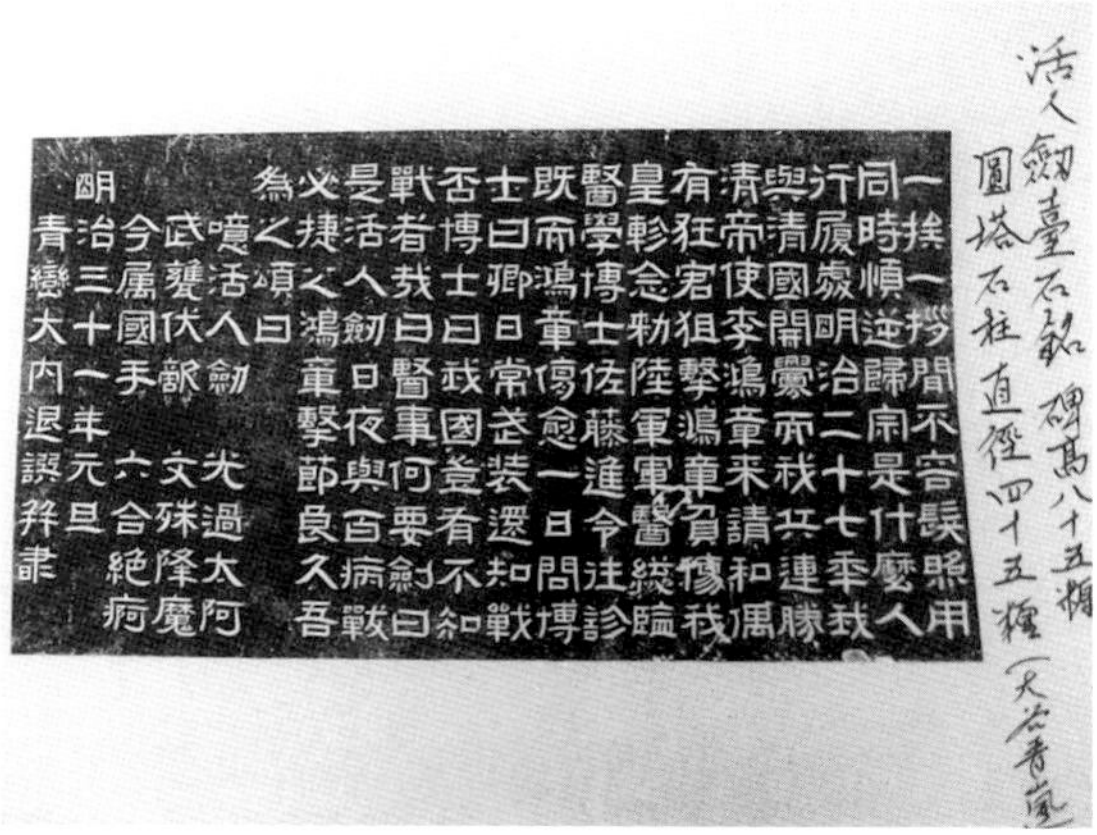

立ては宮亀年《きねん》が担当。碑の設置場所は境内最高地の奥之院手前左手で、創建当時は袋井駅からも望見できた。日置斎主の発案で、大乗妙典（法華経）の一字を書写した石をいくつも円柱の下に埋め、戦没者を供養作善《さぜん》することになった。明治三十三年九月二十八日の立剣式には佐藤進夫妻と令息昇氏も列席した。

円柱碑には、修証義の編纂に関わった大内青巒《せいらん》撰の漢文が刻され、「噫活人劔　光過大阿　武甕伏敵　文殊降魔　今屬國手　六合絶痾」の頌《じゅ》（賛辞）で結ばれている。大意は次の通りである。

「ああ、活人剣。その剣の光は、楚王が敵の三軍を蹴散らしたという大阿《たいあ》の剣以上だ。剣の神である武《たけ》甕《みかづち》（「古事記」に出てくる軍神）が敵を伏せ、文殊菩薩が仏道修行を妨げる悪魔を降《くだ》すに等しい。今や佐藤博士は国手（国の危難を救う名医）に属し、世界のあらゆる病魔を絶滅しようと尽力しておられるのだ」。博士の医術の功績を「剣の光」に例えている。

活人剣再建なる

日清戦争の記念碑として全国に名を轟かせてきた活人剣であったが、銅鋳ゆえに第二次世界大戦中に供出されて、剣の部分が失われてしまったことで石造りの基壇だけが残され、史跡を訪れる人も稀《まれ》となっていた。

しかし、活人剣碑は百二十年以上も前の出来事とは言え、日清戦争の講和条約にまつわる佐藤進と李鴻章の美談が元となっており、日中友好のシンボルの一つでもあることから、地元では「袋井まちそだての会」を中心に活人剣を見直そうとする動きが出てきた。

時を同じくして、順天堂大学では酒井シヅ名誉教授らが第三代堂主佐藤進ゆかりの活人剣が荒れ果てているとの報を受けて、可睡斎を訪れて実情調査をしていた。可睡斎と学校法人順天堂大学、袋井まちそだての会の三者が中心となり、袋井市及び袋井市教育委員会の全面的な協力のもとに活人剣再建委員会を設置。わが国近代化の礎《いしずえ》を築いた先人たちへの感謝と戦争犠牲者の追悼、日中友好のさらなる発展と世界平和を祈って、活人剣再建活動が力強く動き出した。

新たな活人剣の制作者を誰にするかが最大の難題だったが、以前から袋井市

ボタンとイルカの台座部

と関わりのあった東京藝術大学宮田亮平学長から快諾を得た。宮田学長は、わが国における金属工芸界の第一人者で、東京駅の「銀の鈴」の制作者としてよく知られている。

　碑の設置場所は、参詣者の目に止まりやすい山門の西隣とした。新活人剣の台座は、可睡斎の代表花「ボタン」と宮田作品のモチーフ「イルカ」を用い、日中友好を願って制作された。宮田学長が最も苦心したのは活人剣の形状であるが、佐藤進に勅命を下した明治天皇ご愛用の剣を見てデザインを決め、鍛金技術を駆使して制作した。

　石段を上がって行くと山門の直ぐ左手に、一直線に天を衝《つ》く青緑色の活人剣が目に飛び込んでくる。緻密に様々な意匠を凝らした台座と、大きめのがっしりとした握り手の上に伸びる刀身は、鋭く力強い。基壇に刻された活人剣の題字は、袋井出身の書家大谷青嵐氏の筆。剣周り全体の構成と基壇の制作はＥＳＰＡＤ環境建築研究所藤江通昌所長、施工は丸明建設が担当した。

竣工式は、平成二十七（二〇一五）年九月二十六日に挙行された。除幕の式では、約二百名の参列者が見守る中、佐瀬斎主、小川順天堂理事長、遠藤袋井まちそだての会会長、宮田学長、原田袋井市長、藤江所長の六氏が綱を引いた。覆われていた白い布が取り払われ、秋空に向かって屹立《きつりつ》する青緑色の新活人剣が現れた瞬間、歓声が沸き、拍手が鳴り響いた。この後、会場を斎堂に移して、経過説明、挨拶、祝辞、感謝状贈呈などを行い、最後に宮田学長が「活人剣制作に当たって、私の思い」と題して記念講演し、式典は終了した。

新活人剣の建立とともに、明治の活人剣碑の基壇周辺も整備され、往時を彷彿させる姿を取り戻している。

新活人剣の除幕式

可睡斎 ● こぼれ話

平和を祈念して毎月勤修している「活人剣諷経」

山門横の「平成の活人剣」から西南を望むとぼたん苑があり、そのぼたん苑の丘から全山を見渡すように平和観音が立っている。

活人剣が平和の象徴として建立され、また毎月十八日が観音様の縁日であることから、可睡斎のご本尊である聖観世音を供養する「観音諷経」とともに、戦争で亡くなられた方々の供養と、平和への願いを込めた「活人剣諷経」を、毎月同日に勤修している。

戦没者たちへの供養に「大悲心陀羅尼」を唱え、また、あらゆる災いを取り除くと言われる「十一面観音菩薩随願即得陀羅尼《ずいがんそくとくだらに》」、略称「随願即得陀羅尼」（オン　マカ　キャロニキャ　ソワカ）を二十一遍、平和を祈念して唱えている。

この十八日、可睡斎では弁天堂の弁財天を供養する「弁天諷経」も勤修するため、その日の晩課では三つの諷経が重なる。

それに加えて、信者さんからの依頼があればご祈祷を勤めることもあり、可睡斎の修行僧たちにとって、この日の午後からのお勤めは、貴重な勤行修行が体験できる一方で、息つく暇もないほど忙しい思いを味わうことにもなる。

日露戦争にまつわる白亜の護国塔

日置黙仙斎主、満韓巡錫を決意

可睡斎の霊域奥深く小高い丘の上に燦然《さんぜん》と聳え立つ荘厳な白亜の塔がある。それが、可睡斎護国塔である。この塔は、日露戦争八万有余名の戦没者の霊を慰めようと、時の可睡斎四十八世日置黙仙斎主（当時六十一歳）が発願し、建立したものである。

日置斎主の満韓巡錫《じゅんしゃく》に随行した二人の僧侶田中靈鑑、奥村洞麟両氏が著した『日置黙仙老師満韓巡錫録』の中で、「新戦場巡錫の縁由」として斎主自らが満韓を巡錫するに

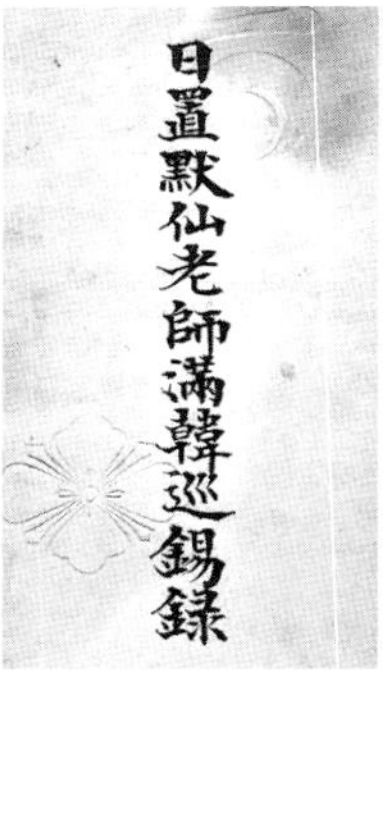

至った考えや護国塔建設の経緯等を次のように述べている。

老衲《ろうのう》は今回我護国の忠魂を憑弔《ひょうちょう》するが爲に、親しく満洲の新戦場を巡錫する考である。〈中略〉我が軍人が帝国の爲めに一身を犠牲に供せしを見て、其の崇高精神に感激し、其の慘憺《さんたん》壮烈の事蹟を憶《おも》ひ、之を悼むの情禁ぜんとして能はず、この忠魂を慰むると共に、其の遺族の切なる心中をも慰めたいと思ひ、〈中略〉同志と護国塔建設のことを相謀り、〈中略〉内務省に出願せしに、直ちに許可せられた。仍《よっ》て拾萬圓の豫算で、一大護国塔を東海道袋井驛より廿五町を距《へだて》る遠洲可睡齋の境内に建設する事となった。この護国塔は同胞の誠忠を万代に表彰すると共に兼ては忠義を奬勵《しょうれい》し、人心を奮興《ふんこう》せしむる目的で建設するのである。〈中略〉併《しか》し此れ丈けではマダ物足らない心地がする。實は今一ッの志願がある、即ち老衲自ら新戦場を巡錫して旅順の深底に沒し、満洲の荒野に曝《さら》せる勇士の墳墓に回向《えこう》し、其地の土沙を持ち歸り、之を護国塔下に埋めたいのである。〈中略〉

日置斎主は大阪の篤志家、香野蔵治氏から渡航旅費をはじめ全面的な支援を得て、明治四十（一九〇七）年一月から三カ月にわたって満韓を巡錫した。

護国塔設計は当代随一の伊東忠太工学博士

明治四十（一九〇七）年九月、護国塔の起工式が挙行された。その折に配付された『戦役紀念護国塔建設趣意書』には、護国塔の形式や規模の概要、完成予想図も添付されていた。発起人総代には、日置黙仙斎主の他に、久我通久侯爵、赤松則良海軍中將男爵、佐藤進陸軍々医総監男爵等が名を連ね、賛成者の中には、伊藤博文、大隈重信、板垣退助等の名も見える。

設計を担当したのは、東京帝国大学教授で近代建築界の巨匠、伊東忠太工学博士、補佐したのが、日本の構造設計の祖と称された同郷の佐野利器《としかた》である。

伊東忠太は、慶応三（一八六七）年、米沢市の生まれ。帝国大学工科大学を卒業し、後に工学博士・東京帝国大学名誉教授。西洋建築学を基礎に日本建築を本格的に見直し、法隆寺が日本最古の寺院建築であることを学問的に示した。明治三十五年、諸外国を歴遊して帰国後、教授に就任。昭和十八（一九四三）年、建築界で初めて文化勲章を受賞した。

盛大だった除幕開塔式

当初の予定より縮小されたものの、四年半の歳月をかけて完成した白亜の塔は、明治四十四年四月二日、多くの参列者を迎え、盛大に除幕開塔式が挙行された。護国塔の建築様式は、当時、本邦初となる犍陀羅（ガンダーラ）式。当日の模様を静岡民友新聞は、「護国塔除幕式の盛況　可睡の霊場を輝かし永く止《とど》む忠魂義魄」の見出しで、次のように報じている。

遠州可睡齋の霊場に建設せられたる三十七、八年戦役記念の護国塔除幕開塔式は予報の如く昨二日午前十時より蓮華峰頭眺望絶佳なる宝塔の前に於て最も厳粛に執り行わせられたり。……近郷近在は更なり英魂の名を慕いて東西遠隔の地より集まり来れるもの数知れず。満山人を以て埋もるるの盛況を呈したり。……伶人楽をし、錫を手にせる齋主日置默仙師は光彩陸離たる金襴の袈裟法衣を着け、衆僧を率いて徐ろに定めの席につく。一般来賓と忠士の遺族とはその周囲に集まれり。

当日は上り三本、下り五本の臨時列車が運行され、また、人力車も馬車も地元の袋井だけでは足りず、他地区から応援を頼むなど、その賑わいを静岡民友新聞は「人の山、塵の山　可睡齋の大賑わい　往来二十町」と記している。

戦史を雄渾に刻む護国塔碑

護国塔を語る時、忘れてならないのは、横に屹立している巨大な石碑。この石碑には建塔の理由等が刻まれており、その文と訳は、次の通りである。

護國塔碑

護國塔建設會総裁従一位勲一等侯爵　久我通久篆額

明治天皇登極三十七年露國乗清國積衰藉口匪亂鎮壓奄有満州開鐵路築城塞將進犯朝鮮脣亾齒寒我帝國之危機真迫於一髪之間矣我政府奉聖旨雖折衝甚力彼恃其強大毫莫所省天皇赫怒則發宣戰大詔令陸海軍齊進而征之我艦隊進襲旅順口而閉鎖之攻敵艦于仁川港而殲之我陸軍破敵於鴨緑江尋破之於金州於得利寺南圍旅順急攻半歳遂陥之北攻遼陽而収之又破敵於沙河翌年三月両軍盡精鋭會戦於奉天又大破之逐北而到公主嶺我軍所向莫不摧壊矣我海軍又破旅順艦隊于黄海浦塩艦隊于蔚山洋五月邀撃敵全艦隊于日本海大破

之敵艦隊歸於全滅矣於是陸海戦局大定而媾呅之議始行我帝國之勢威由此重於古界矣蓋此役也我邦曠古未曾有之大戦而擧國一致奮敵愾之心將卒皆忠勇義烈見死如歸百戦而百勝遂能收無前之大功者豈非我國體精萃之發揚而然者乎遠州可睡齋主日置黙仙觀凱旋軍人遍受國民歡迎厚浴褒賞榮典顧視是役戦歿者數萬深悼其不能親被恩光目覩盛事乃發起大願糺合同志廣募浄財鳩工求材且親巡錫滿洲普訪戦場行吊祭之禮收墳塋遺灰巳歸茲建犍陀羅大塔於東海之表塔下瘞遺灰巳吊殉國之忠魂垂於千載之後事達上聞特賜金幣以助之嗚呼八萬忠義之英靈普享無量之功德永護皇基矣豈不偉哉爰聊叙建塔縁由俾後有考焉

大正二年十一月　　護國塔建設會委員長正四位勲二等男爵 田健治郎撰文

可睡齋僧堂參學現住盛岡市報恩寺沙門 鶴湛文英謹書

明治天皇が即位されて三十七年、露国は清国の国力が次第に衰退したのに乗じ、匪賊《ひぞく》の騒乱（義和団事件）を鎮圧することを口実にして、満州を大きく占有した。鉄道を敷設し、城塞を構築し今にも朝鮮を侵略支配しようとしていた。これは、「唇亡びて歯寒し」（互いに助け合っている者同士の一方が滅びれば、もう一方の存在も危うくなる）の諺《ことわざ》どおり、我が帝国はまさに危機一髪の状態に差し迫っていた（朝鮮が亡びれば日本も危うくなる）。我が政府は天皇のお考えを承って露国と交渉し一生懸命努力したが、露国は自国が強大なことを恃《たの》んで少しも譲歩するところがなかった。（こうした事態に）天皇は顔を真っ赤にして激怒され、（露国との）宣戦の大詔《みことのり》を発して陸海軍を一斉に進撃させ、露国を征討させた。我が艦隊は旅順口を急襲して閉鎖し、敵の艦船を仁川港に攻めて殲滅《せんめつ》した。我が陸軍は敵を鴨緑江で破り、更に金州、得利寺でも破った。南は旅順を包囲し、半年に及ぶ急襲で、遂に旅順の敵陣を陥落させた。北は遼陽を攻撃して之を収めるとともに、敵を沙河《さか》でも破った。翌年の三月、両軍は精鋭を揃《そろ》えて奉天で会戦し、又、大いに破り、敵の退却するのを追撃して公主嶺《こうしゅれい》にまで到った。我が軍の向かう所で摧《くだ》け壊れないところはなかった。我が海軍も又、旅順艦隊を黄海に浦塩《ウラジオ》艦隊を蔚山《ウルサン》沖で破った。五月、敵の全艦隊を日本海に邀《むか》え撃って大いに破り、敵艦隊は全滅した。この段階で陸海における戦局はほぼ定まり、講和会議が初めて行われ、我が帝国の勢力と権威は、この時から世界に重んじられるようになった。思うに、この度の戦役は我が国にとって嘗《かつ》てない未曾有《みぞう》の大戦であって、挙国一致して露国への敵愾心《てきがいしん》を奮《ふる》い立たせた。将校や士卒は皆忠勇義烈、「死を見ること帰するが如《ごと》し」（まるで楽しんで家にでも帰る時のように死を恐れない）であった。百戦して百勝し、遂に嘗《かつ》てない大勝利を収めることができたのは、どうして我が国体精華の発揚でなくして何であろうか。遠州可睡齋主の日置黙仙は、凱旋《がいせん》軍人が遍《あまね》く国民の歓迎を受け、厚く褒賞の栄典に浴するのを観る一方で、この日露戦役の戦没者が数万人であることを顧《かえり》み視たとき、その戦没者が親しく天皇の恩寵を被り自らの目で盛大な戦勝祝賀行事を見ることができなかったことを深く悲しんだ。そこで、(戦没者追悼の)大願を起こして、同志を集め、広く浄財を募り、工匠を集め、資材を求めた。その一方で自らは、錫を鳴らしつつ満州を巡り歩き広く戦場を訪ねては吊祭《ちょうさい》の禮《れい》(戦没者の葬儀)を行い、墳墓の遺灰(土砂残灰)を回収して帰国した。今ここに、犍陀羅大塔を東海の遠州可睡齋の地に建設し、その塔の下に遺灰を埋葬して、祖国のために殉じた忠魂を弔い、千載の後まで伝えることにする。この事業は、明治天皇のお耳に入るところとなり、特別に金幣(下賜金参百円)を賜り、それによりこの事業を助成した。ああ、八万人もの忠義の英霊は普《あまね》く仏様から無量の功徳を受け、末永く我が皇国の基礎を護るであろう。これはどうして偉大なことではなかろうか。ここに、少しばかり護国塔建設のゆかりを書き述べ、後世に考究できるようにしておく。

可睡斎護国塔一〇〇年展と世界平和への願い

平成二十三（二〇一一）年は、護国塔が建立されてちょうど百年目であった。この節目の年を迎えるに当たり、地元の有志の集まりである「袋井まちそだての会」を中心に、「伊東忠太・可睡斎護国塔一〇〇年展」が催された。その活動の一つに、護国塔碑の解読（前出）並びに拓本作りがある。碑文の解読は沼倉昇氏が担当。また、拓本は、静岡県書道連盟の大谷青嵐氏の指導のもと、多くの書道愛好家のご協力で、石碑の表面と裏面の拓本がとられ、立派に表装されて、後日、大谷氏から可睡斎に奉納された。

聖徳太子をご本尊とする護国塔は、静岡県内に現存する最古の鉄筋コンクリート建造物であり、昭和五十三（一九七八）年、県の有形文化財に指定され、現在に至るも、優美にして荘厳、堂々たる佇《たたず》まいを見せている。

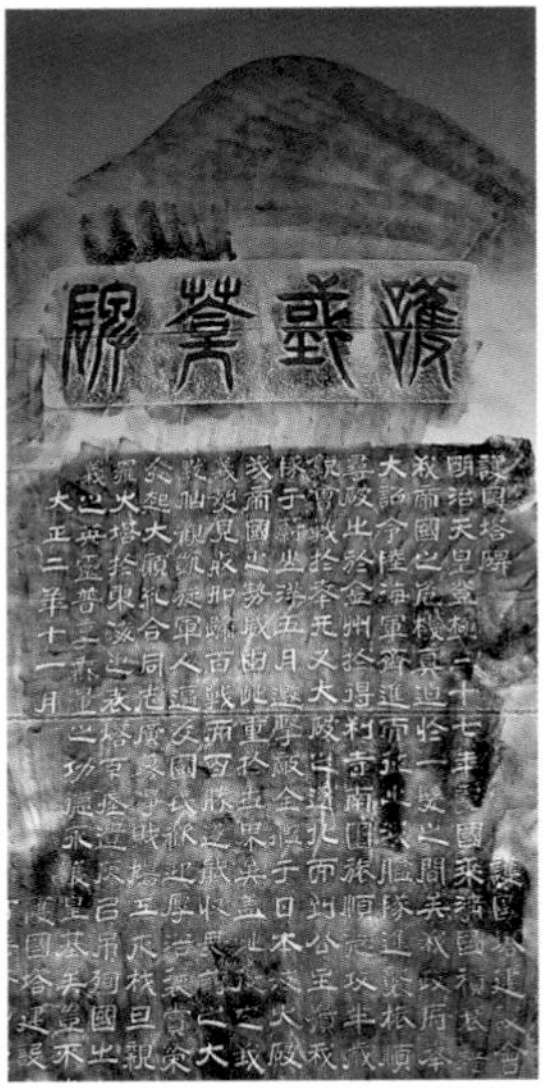

護国塔碑拓本の上部

可睡斎 ● こぼれ話

木造車輌が砂ぼこりにまみれて走った秋葉可睡線

明治三十五（一九〇二）年十二月、森町など周智郡の各地で生産される茶や果物などの農産物を東海道本線の駅へ輸送する目的で、森街道の森町・袋井間に秋葉馬車鉄道が開通した。

明治四十四年には、護国塔の開塔式が予定され、可睡斎への参詣者急増が見込まれたため、可睡口から可睡斎までの支線も開業した。可睡口から可睡斎までは約一・一キロ。本線の新袋井（現・ＪＲ袋井駅）、遠州森町間は約一二・一キロであった。

大正三（一九一四）年七月に第一次世界大戦が始まると、やがて好景気が訪れ、次第に馬車鉄道の輸送力では対応できなくなった。こうした経緯から、大正十年に秋葉馬車鉄道は秋葉鉄道となり、同十四年から十五年にかけて全線の電化を完成させた。

静岡鉄道秋葉線の新袋井駅前
（撮影／園田正雄氏）

その後、輸送量も乗客も増えていったが、昭和十八（一九四三）年に、戦時統制の国策により複数あった小鉄道は静岡鉄道に一本化されることとなり、秋葉鉄道は静岡鉄道秋葉線となった。しかし、秋葉線可睡支線は翌年十二月七日に発生した東南海地震での土地の陥没により、運行が不可能となったため、復旧されることなく廃線となった。

秋葉線は全て木造車輌で、全長九メートルの小型車輌が客車と貨車を牽引《けんいん》していた。可睡支線も含め全線のほとんどは未舗装道路に線路が敷かれていたため、車輌はいつも砂ぼこりにまみれながら走っていた。

東海随一の修行道場、可睡斎専門僧堂

僧堂と坐禅心得

日常の行住坐臥全てが修行

僧堂は、坐禅堂とも選仏道場とも雲堂とも呼ばれている。昭和四十八（一九七三）年建立の可睡斎の僧堂は、間口十一間半、奥行き七間半で、内堂三十単と外堂十四単に分かれており、合わせて四十四人が坐れる。

入り口には、五十三世原田亮裕の筆になる「真風林」の額が掛かっている。明治初期に四十七世西有穆山が開いた学林の名が、「真風林」だったことによる。左右の柱には、穆山揮毫の「山不敢高已伝海内」「寺雖聊完足養道人」の聯《れん》がある。読みは、「山敢《あ》へて高からざるも、已《すで》に

海内《かいだい》に伝ふ」「寺は聊完《りゅうかん》といへども、道人を養ふに足る」。大意は、「この山は決して高くはないが、すでに国中に伝わっている。この寺の環境は十分とは言えないが、修行者を養うにはこれで足りる」である。

修行僧は一畳の畳に起居し、坐禅修行に励む。堂中央には文殊菩薩を祀る。「三人寄れば文殊の知恵」の文殊様は、知恵の向上を望む人を守り、学問の悩みを解き、勉学の苦しみを乗り越える力を授けると言われる。

道元禅師は、『普勧坐禅儀』に「坐禅は習禅にはあらず。ただこれ安楽の法門なり。菩提を究尽《ぐうじん》するの修証なり」と記している。修行をするために坐禅をするのではなくて、坐ることがそのまま悟りの姿とされ、さらに曹洞宗では坐るだけが坐禅ではなく、日常の行住坐臥《ぎょうじゅうざが》全てが修行という考え方から、掃除、洗濯、炊事など日常の様々な仕事（作務《さむ》）を重要視している。

左：木版　右：魚鼓

雲水教育と雲水の一日

雲水の日課と托鉢

雲水は、専門僧堂での修行中に仏典の教義をはじめ、坐禅や作務《さむ》、托鉢《たくはつ》など禅僧としての基礎教育を受け、身をもって学習する。雲水とは、『正法眼蔵随聞記』に「雲の如く定まれる住《すみ》処《か》もなく、水の如く流れゆきて、寄る処《べ》も無きをこそ僧とは云ふなり」とあるように、行雲流水のごとく、「正法を求めて諸国の師を訪ね行脚《あんぎゃ》する」僧のことを言う。

可睡斎の僧堂では、常時十数名の修行僧が日々の修行に明け暮れているが、その中には女性すなわち尼僧も含まれており、さらにブラジルをはじめ海外から安居している修行僧もいる。

禅宗では、修行中の行動の一切は、「鳴らしもの」（振鈴《しんれい》・法《ほっ》鼓《く》・殿鐘《でんしょう》・木版《もっぱん》・雲版《うんぱん》・柝《たく》・魚鼓《ほう》など）の合図で進められる。

修行僧は、これらの音を直ちに聞き分けて、無言のまま流れに沿って迅速に、決められた動作や仕草、作法に則って個々の行為をなしていくのである。木版「白大衆」には、「生死事大　無常迅速　各宜醒覚　慎勿放逸」（生死は重大問題であり、この世は無常で移ろいやすい。各々は覚醒し、身を慎しみ、放逸に走ってはならない）と書かれている。

起床後、洗面し、四十五分ほどの「暁天坐禅《きょうてん》」に入る。道元禅師は洗面と歯磨きの大切さを説いている。洗面は、額・眉毛・両目・鼻・頬を一滴の水もおろそかにせず丁寧に洗い清める。顔を洗えば心も洗われる。心身共に清浄にして一日をスタートさせるのである。

暁天坐禅の後は、法堂で朝の勤行《ごんぎょう》である「朝課諷経」を行《ぎょう》ずる。朝食は「小食《しょうじき》」と呼ばれ、粥をいただく。食器を自分で洗い片付け、作務に取り掛かる。一同で、庭や諸堂ほかの清掃を行う。勤行は、朝課、日中、晩課と、一日三回行うので「三時諷経」と言う。一同一体となって同行《どうぎょう》に励む「大衆一如《だいしゅいちにょ》」が修行の基本である。

「斎」と呼ばれる食事は、本来は中食《ちゅうじき》（昼食）だけで、それ以外に食べる時

は「非時食《ひじしき》」と言った。お釈迦さまの時代、叢林《そうりん》では午後から翌朝まで食事は禁じられていたからで、僧侶は寒さと空腹をしのぐために、温めた石を懐に入れて寝たと言う。そこから「懐石」という言葉が生まれ、夕食を「薬石」と呼ぶようになった。

勤行《ごんぎょう》や作務のほかに、「乞食行《こつじきぎょう》」とも言われる托鉢《たくはつ》がある。托鉢時の雲水は、黒衣《こくえ》を着て網代笠《あじろがさ》をかぶり、手甲脚絆《てっこうきゃはん》に草鞋履《わらじば》き。首に頭陀袋《ずだぶくろ》を掛け、左手に鉢盂《ほう》（自分の食事を入れるための食器、応量器・頭鉢《ずはつ》とも）を持って家々の門《かど》に立ち、四弘誓願文《しぐせいがんもん》、般若心経、舎利礼文等を唱える。これに対して、人々は、合掌して頭を下げ、食べ物や財物等を喜捨《きしゃ》する。

可睡斎の雲水のある一日の日課

五時　振鈴　起床・洗面・暁天
　　　坐禅
六時　朝課諷経
七時　小食（朝食）
八時　粥罷《しゅくは》作務（掃除など）
九時半　御祈祷
十時半　御祈祷
十一時　日中諷経（勤行・御祈祷）
十二時　中食（昼食）
十三時　斎罷《さいは》看読・御祈祷
十四時半　御祈祷
十五時　日天作務・御祈祷
十六時　晩課諷経

十七時　薬石（夕食）
十八時　本講・進退習儀等
十九時　法話・提唱等
二十時　黄昏《こうこん》坐禅（夜坐《やざ》）
二十一時　開枕《かいちん》（就寝）

僧侶の歩み五段階

曹洞宗には、「得度、立身、伝法、瑞世、結制安居（建法幢《けんぽうどう》）」の五つの修行段階と儀式があり、道元禅師や瑩山禅師が撰述された『出家略作法』に則って行っている。

得度

「得度」とは、正式な作法を通して、僧侶にふさわしい「仏の教えを信じ、仏の徳を身に付ける」ことである。

得度を受ける人を、「発心《ほっしん》の人」と呼ぶ。仏道への志を発した人の意味である。「得度式」では、師匠（受業師《じゅごうし》）に剃髪していただき、僧侶に不可欠な「衣、袈裟、坐具、応量器」などを授けられる。次いで、お釈迦さま以来歴代の祖師が伝えてきた「戒法」と「血脈」を受ける。これにより正式に僧侶の仲間入りをするのである。得度を終えると「上座《じょうざ》」という法階が与えられる。

立身

「立身」とは、夏または冬の制中に修行僧集団の中のリーダー役である首座《しゅそ》として身を立てることで「立職《りっしょく》」とも言い、僧侶への登竜門である。「制中」とは、お釈迦さまの決めた修行法で、夏季または冬季の九十日間、僧堂や寺院で禁足の修行をすることである。

住職に代わり、修行僧からの質問に答える「首座法座（法戦式《ほっせんしき》）」は、首座としての力量を試される厳しい問答を行う。「首座」を務め終わると「座元《ざげん》」という法階へ進む。

伝法

「嗣法《しほう》」ともいい、師から弟子に「法を伝える」儀式のことである。現在、曹洞宗では『曹洞宗宗制』により七日間の「加行」を行うよう定められているが、「伝法式」は、その六日目の深夜に行われる。代々伝えられてきたことを継承して、師の法を正しく嗣ぐ（継承する）ことができて初めて本当の意味での仏弟子となるのである。伝法を終えることにより、瑞世《ずいせ》へと進める資格が得られる。

瑞世

両本山において朝課諷経の導師を務める儀式であり、「瑞世」の式を行う場合は、あらかじめ「転衣許可願い」を提出して許可を受けなければならない。瑞世を終えると「和尚」の法階が与えられ、また、転衣が許可されることで黒衣のほかに色衣が着用でき、木蘭《もくらん》などの色袈裟も掛けることが許される。

以上の四段階を経て、一山の住職として赴任できる資格が与えられる。

結制安居（晋山結制）

晋山《しんさん》とは「山に晋《すすむ》」という意味で、禅寺の多くが山にあったことから、一山の住職として新たに就任する儀式のことである。言わば住職交代の儀式で、結制安居を終えると、その寺の正式な住職として認められる。結制安居を終えることにより、緋衣《ひえ》の着用が許され、「大和尚」の法階が与えられる。

可睡斎専門僧堂の配役

一般の企業に社長や専務、部長、課長といった役職や営業部、総務部などの部署があるように、僧堂にも種々の役割を独自の用語で表現した部署や役職がある。

斎主・堂長《どうちょう》（堂頭） 斎主とは、可睡斎の住職の敬称で、老師を付けて「斎主老師」と呼ぶ。堂長とは、修行道場の最高責任者。可睡斎では斎主が兼ねているが、別の僧侶が就任することもある。

西堂《せいどう》 斎主に次ぐ待遇の要職。法堂正面に向かって西側（左側）が賓位《ひんい》（客位）になるので、そこへ迎える大事な尊宿《そんしゅく》という意味でこう呼ぶ。

監寺《かんす》 六知事（禅宗寺院で最も重要な六つの役職）の一人。寺全体の運営、管理、来賓の接待などを統監する。

副寺《ふうす》 六知事の一人。寺の財政、経理の最高責任者。

後堂《ごどう》 堂長に代わって全般にわたり修行僧を指導する責任者。

単頭《たんとう》 後堂の下で、直接修行僧を指導、監督する。

維那《いの》　六知事の一人。僧堂の生活全体を指揮監督し、規律を維持する責任者。法要行持などを統括し、進行役も務める。
典座《てんぞ》　六知事の一人。典座寮（寺の台所）を統括する責任者。
知客《しか》　来客の対応、接待を統括する責任者。
副随《ふずい》　可睡斎では檀信徒の法事や葬儀などに対応する責任者。
直歳《しっすい》　六知事の一人。伽藍内外の土木関係の営繕維持を管理する責任者。
殿司《でんす》　秋葉三尺坊大権現を祀る御真殿の管理責任者。
副悦《ふくえつ》　維那の下で、修行僧の進退威儀を直接指導する。
知庫《ちこ》　副寺の下で、生活必需品や法要道具などを管理する。
知殿《ちでん》　法堂の備品などを管理し、法要では維那の指示に従い、進行を司《つかさど》る。
侍者《じしゃ》　斎主の身の回りのお世話をする秘書役。
方行《ほうあん》　斎主の居室である方丈《ほうじょう》の行者《あんじゃ》（世話係）や侍者の補佐をする。
典事《てんじ》　典座の下で、典座寮を統括する。
接客《せっきゃく》　来斎者への接待をする。
直録《じきろく》　直歳の下で、直歳寮の事務を管理する。

菜頭《さいじゅう》　典事の下で、典座寮の実務を執る。
副録《ふくろく》　副寺の下で副寺寮の事務を管理する。
首座《しゅそ》　制中《せいちゅう》の期間、修行僧の第一座として雲水たちを引っ張って行く。法戦式では主役を務める。
書記　制中の期間、首座を支える古参の雲水で、行持作法の面から補佐する。
弁事《べんじ》　制中の期間、首座寮の行者として雑務をこなす。
堂行《どうあん》　古参の雲水で、維那の下で修行僧の僧堂内外での進退指導を行う。行持などの差配《さはい》をし、鳴らしものを司《つかさど》る。補佐役として副堂《ふくどう》がいる。
供頭《くじゅう》　法要などを準備し、実行する。
鐘司《しょうす》　境内内外の清掃と法要などの鳴らしものを担当する。
西行《せいあん》　西堂の行者。他に副行《ふうあん》　後行《ごあん》　単行《たんなん》　真行《しんなん》などの世話役がいる。
可睡斎では、それぞれの配役を兼務することが多い。

坐禅体験希望者へのご案内

可睡斎では一般の方が参加できる「土曜参禅会」や「月《げっ》心会《しんえ》」を日帰りもしくは一泊二日で開催している。

坐禅体験の期間中は、外界の一切の情報を遮断して、決められた日程に沿って目の前のなすべきことにひたすら集中することが大切である。

事前の準備

禅堂では、坐蒲《ざふ》（坐禅用の座布団）を使用する。自宅では、座布団を折り畳み、高さが出るようにして使用すれば、十分代用可能。

取り組む時間

修行僧は、一回につき一炷《いっちゅう》四十五分程度坐禅に取り組む。

足の組み方

靴下や足袋を脱いで裸足になり、坐蒲の上に尻を据えたら、まず右の足を左の足のももに載せる。次に左の足を右のももに載せる。これが坐禅の正式な足の組み方で、「結跏趺坐《けっかふざ》」という。足の組めない人は、片方の足のみを載せる「半跏趺坐《はんかふざ》」でもよい。尻と両膝をしっかり床に付けて上体を支え、安定させるのがポイントである。

上体の作法

まっすぐ背筋を伸ばし、尻を後方に突き出すようにして腰を据え、頭で天を突きあげるようにする。そうすると、呼吸、血液の循環、神経系統が理想的に機能し合い、最も安定した状態になる。その際、上体や頭が前後左右に傾かないよう注意する。

両手の作法

右手の掌《てのひら》を上にして左足に置く。その掌の上に、左の掌を上に向けて置く。次に両手の親指を手の平の中央部分でかすかに接するようにする。この手の形を「法界定印《ほっかいじょういん》」と呼ぶ。法界定印は、脇腹に肘を密着させず、握りこぶし一つ分外側に張るようにすると、正しく印を保つことができる。

毎年、多くの人が坐禅を体験し、「心身共にリフレッシュできた」、「貴重な非日常が体験できた」などの声が寄せられている。「一度体験してみようかな」、そんな思いのある方は、ぜひ可睡斎へ。

「可睡斎坐禅体験相談窓口」☎〇五三八‐四二‐二一二一
(または可睡斎ホームページ http:www.kasuisai.or.jp まで)

可睡斎歴代住職一覧

可睡斎は、室町時代中期、如仲天誾が久野郷に結んだ草庵に始まる。永正年間初期、太路一遵が建てた東陽軒に継承され、七〇年ほど経った一五七〇年代前半の仙麟等膳の代に、「可睡斎」として歴史の表舞台に登場した。

東海道の要所に立地する可睡斎は、徳川家康によって、極めて重要な役割を担うこととなり、今日に至るまで曹洞宗を代表する寺院として成長し続けている。

ここでは草創期から戦国、江戸時代を経て幕末から明治、大正、昭和、平成と続いた激動期を乗り越えて、東海屈指の禅寺を築き上げてきた歴代住職の系譜や功績等などを簡単にまとめてみた。

歴代住職墓所奥に並ぶ御開山から第五世までの無縫塔

御開山　如仲天誾《じょちゅうてんぎん》（〜一四三七）

信州上田の人。梅山聞本和尚に参学し嗣法《しほう》。その後、大通庵、大洞院などの寺院を開創。能登の大本山總持寺にも輪住。

第二世　真巌道空《しんがんどうくう》（〜一四四九）

江州（滋賀県）の人。当初真言密教を修めたが、後、如仲和尚に随身。遠州下野部に師の如仲天誾を開山として一雲斎を開創。

第三世　川僧慧済《せんそうえさい》（〜一四七五）

三州の人。幅広い学識を修め、真巌和尚に就いて嗣法。後に一雲斎でも活躍。能登の大本山總持寺にも輪住。

第四世　太年祥椿《たいねんしょうちん》（〜一五一三）

遠州の人。十代から『法華経』に親しみ、長じて一雲斎の川僧和尚の下で嗣法。後に能登の大本山總持寺にも輪住。

第五世　太路一遵《たいろいちじゅん》（〜一五一八）

遠州の人。十歳で最晩年の如仲和尚に就いて得度。諸国遊行《しょこくゆぎょう》の後、太年祥椿和尚の下で嗣法。のち、東陽軒を建立し、師の太年祥椿を開山とした。

第六世　林英総逋《りんえいそうほ》（〜一五三二）

尾州（知多郡東浦町）の人。乾坤院の逆翁宗順に就いて得度後、太路和尚の下で嗣法。

第七世　大陽一鴒《たいよういちれい》（〜一五六九）

遠州の春林院、勢州（伊勢）の海禅寺の開祖となる等、各地で活躍。

第八世　天用一超《てんよういっちょう》（〜一五四九）

大陽和尚に就いて嗣法。信州に龍洞院を開

創する等、摂化は広範囲に及んだ。大洞院の輪住にも迎えられた。

第九世　潜龍慧湛《せんりゅうえたん》（〜一五六六）

駿州の人。出家得度後、諸国遊行の旅に出る。天用和尚の印可を受け、天用和尚示寂後、可睡斎に晋住。

第十世　天叟禅（善）長《てんそうぜんちょう》（〜一五七二）

潜龍和尚に就いて嗣法。戦国時代に伽藍の維持管理と後進の育成に努めた。

第十一世　仙麟等膳《せんりんとうぜん》（〜一五九〇）

勢州篠島（当時は伊勢領）の人。徳川家康公の意を受け、今日の可睡斎の礎を築いた。

第十二世　一株禅易《いっしゅぜんえき》（〜一五九八）

三州の人。等膳和尚に参学。篠島の妙見斎から晋住。家康公の助力もあって接化は広範囲に及んだ。

第十三世　士峯宋山《しほうそうざん》（〜一六三五）

勢州篠島の人。幼くして妙見斎の等膳和尚に就いて得度、嗣法。この時期、徳川家との関係は一層強固になった。

第十四世　一機慧策《いっきえさく》（〜一六二六）

遠州の人。台命を受け龍山村瀬尻（浜松市天竜区）永源寺から晋住。その後も数多くの寺を開創。

第十五世　道中雲達《どうちゅううんたつ》（〜一六三三）

晋住早々、秋葉寺の後継を巡って僧侶側と修験道側とで主導権争いが起こり、秋葉寺側の主張が認められた。雲達は答礼のため出府し、その帰路、箱根の山中で事件に遭い急死。

第十六世　泰伝存康《たいでんそんこう》　（～一六三三）

雲達和尚の急死により台命を受け、駿州小坂村（静岡市）安養寺から晋住。

第十七世　一東秀天《いっとうしゅうてん》　（～一六四二）

遠州森町の全生寺に閑居していた宋山和尚の御奉書に因んで可睡斎に晋住。

第十八世　華亭敦秀《かていとんしゅう》　（～一六五四）

台命により常州（茨城県かすみがうら市）呆泰寺から晋住。定光寺（磐田市前野町）を開創する等、摂化にも尽力。

第十九世　不外東伝《ふがいとうでん》　（～一六五八）

台命により武州渋谷（埼玉県富士見市）長谷寺から晋住。

第二十世　名山大誉《めいざんたいよ》　（～一六五八）

台命により豆州の修禅寺から晋住。在任後まもなく病にて示寂。

第二十一世　貴外嶺育《きがいれいいく》　（～一六六六）

台命により上州（群馬県館林市）善長寺から晋住。翌年、豆州修善寺及びその末寺が可睡斎の管轄下となった。

第二十二世　丹山嶺香《たんざんれいこう》　（～一六七二）

台命により遠州長上郡上飯田村（浜松市南区）の龍泉寺から晋住。常恒会《じょうごうえ》法幢地《ほうどうち》を願い、允許《いんきょ》を受けた。

第二十三世　一通松天《いっつうしょうてん》　（～一六七九）

台命を得て、甲州の廣厳院から晋住。晋山式では、僧録として参集の僧侶に服制規定を指示伝達した。

第二十四世　桂巌寿仙《けいがんじゅせん》（〜一六八〇）
台命により上州群馬郡（群馬県渋川市）雙林寺から晋住。

第二十五世　太嶺寅朔《たいれいいんさく》（〜一六九六）
台命により雙林寺から晋住。前住に続き、雙林寺から二代続けての晋住となった。

第二十六世　黙外門室《もくがいもんしつ》（〜一七〇一）
台命により甲州東八代郡（甲府市）龍華院から晋住。

第二十七世　教寂芸訓《きょうじゃくげいくん》（〜一七〇〇）
将軍綱吉の直命により江戸の宝泉寺から晋住。多くの新寺を開創。『由来略記』編纂。

第二十八世　東州真海《とうしゅうしんかい》（〜一七一八）
将軍綱吉の直命により総州銚子（千葉県銚子市）等覚寺から晋住。宗門での嗣法の際の三物（嗣書・血脈・大事）等を整備した。

第二十九世　大通貫道《だいつうかんどう》（〜一七三六）
将軍綱吉の直命により江戸（新宿区）長源寺から晋住。江戸街並整備の折の寺院移転事業で評価された。

第三十世　月関湛亮《げっかんたんりょう》（〜一七二九）
将軍吉宗の直命により江戸（豊島区）高源院から晋住。この時代、関三刹と可睡斎との結束が強化された。

第三十一世　大昶光国《だいちょうこうこく》（〜一七五三）
将軍吉宗の直命により遠州堀越村（袋井市）海蔵寺から晋住。後に関三刹の龍穏寺に転住。

第三十二世　大梁禅棟《だいりょうぜんとう》　（〜一七五二）

将軍家重の直命により武州秩父（埼玉県秩父市）廣見寺から晋住。この頃は、当斎が最も安定・充実した時期であった。

第三十三世　道山守賢《どうざんしゅけん》　（〜一七八九）

野州（栃木県）の人。将軍家重の直命により晋住。松岩寺（栃木県さくら市）の光潭和尚に就いて得度。

第三十四世　天倫光音《てんりんこうおん》　（〜一七八四）

将軍家治の直命により江戸（港区）の常林寺から晋住。光潭和尚に就いて得度、嗣法。僧堂拝登用の『橘谷大洞指南』を著した。

第三十五世　観国光錐《かんこくこうすい》　（〜一七九六）

将軍家治の直命により野州塩谷郡（栃木県矢板市）鏡山寺から晋住。江戸、常林寺の守賢和尚に就いて得度、嗣法。後に守賢和尚の跡を継いだ。

第三十六世　盛元大胤《せいげんだいいん》　（〜一七九四）

遠州の人。大梁和尚に就いて得度。その後、守賢和尚に随身し嗣法。老中・奉行の推挙により可睡斎に晋住。

第三十七世　魯道擔休《ろどうたんきゅう》　（〜一八〇二）

遠州の人。台命により江戸の常林寺から晋住。磐田郡小山（袋井市）雲江院の月泉和尚に就いて得度した後、大胤和尚に随身、印可を得た。可睡斎には八年間住持。

第三十八世　因孝休覚《いんこうきゅうがく》　（〜一八三六）

駿州有渡郡（静岡市清水区）の人。将軍家斉の直命により江戸（台東区）の梅林寺から晋住。擔休和尚に就いて嗣法。山内も充実・

安定し、住持三十六年の長期に及んだ。

第三十九世　寛海休豊《かんかいきゅうほう》（〜一八四〇）

駿州有渡郡（静岡市清水区）の人。休覚和尚に就いて嗣法。江戸梅林寺、武州鳩ヶ谷村（川口市）法性寺と転住の後、晋住。

第四十世　大光実英《だいこうじつえい》（〜一八四三）

遠州の人。遠州山名郡（袋井市）積雲院から晋住。以降三年間住持。

第四十一世　道快亨全《どうかいこうぜん》（〜一八四八）

遠州の人。引佐郡（浜松市北区）龍洞院天厳笑堂和尚に就いて嗣法。後に龍洞院から晋住。六年間住持。

第四十二世　天嶺玄童《てんれいげんどう》（〜一八五六）

尾州愛知郡（豊明市）の人。遠州山名郡（袋井市）積雲院から晋住。九年間住持。

第四十三世　静巌亮禅《せいがんりょうぜん》（〜一八六八）

尾州渥美郡（愛知県田原市）の人。休覚和尚に就いて得度、嗣法。江戸の龍昌寺から晋住。十三年間住持。

第四十四世　碓山興宗《たいざんこうしゅう》（〜一八七〇）

芸州（広島県）の人。同国、正福寺の法運碓転和尚の下で得度。後に休覚和尚に就いて嗣法。その後、梅檀林（駒澤大学の前身）で学び、梅林寺に初住後、台命を得て晋住。

第四十五世　林峯要禅《りんぽうようぜん》（〜一八七〇）

遠州山名郡（袋井市）の人。岡崎の極楽寺に首先住職後、上飯田村（浜松市）の龍泉寺住職を二十年務め。後に可睡斎に晋住。

第四十六世　巨嶽玄齢《こがくげんれい》　（～一八七六）

山口県の人。予州（愛媛県宇和島市）竜穏寺の玄道和尚に就いて得度、嗣法。能登の大本山總持寺東京詰監院を経て晋住。秋葉寺廃寺の頃の斎主。

第四十七世　西有（穆山瑾英《ぼくざんきんえい》）　（一八二一～一九一〇）

青森県八戸の人。江戸末期から明治にかけて可睡斎のみならず曹洞宗の礎を築いた一人。大本山總持寺独住三世として当斎から晋住。全国に火防秋葉信仰の拡大と講の設立に尽力した。曹洞宗管長も務めた。

第四十八世　日置（維室黙仙《いしつもくせん》）　（一八四七～一九二〇）

鳥取県の人。西有禅師の總持寺晋住を機に、丹波の円通寺から晋住。境内の伽藍整備に尽力する傍ら、広く国際的にも活動を展開した。後に大本山永平寺に晋住。翌年曹洞宗管長就任。

第四十九世　秋野（大忍孝道《だいにんこうどう》）　（一八五八～一九三四）

静岡県の人。遠州森町の大洞院から晋住。学僧として知られ、特に祖録関係の著書が多い。大学長との兼任で可睡斎へ晋住。後に大本山總持寺に晋住し、曹洞宗管長も務めた。

第五十世　梶川（乾堂物先《けんどうもっせん》）　（一八六六～一九四二）

愛知県名古屋市の人。前住の總持寺晋住を受けて東京世田谷の豪徳寺から晋住するも事情により兼務していた豪徳寺へ再住。

第五十一世　髙階（玉堂瓏仙《ぎょくどうろうせん》）

（一八七六～一九六八）

福岡県飯塚市の人。曹洞宗大学並びに本山僧堂にて行学を修め、博多の安国寺に住持。特選により可睡斎へ晋住。後に両大本山貫首、曹洞宗管長、全日本仏教会長等を歴任した。二度にわたる南米巡錫など、海外開教にも尽力。

第五十二世　永江（大忍金栄《だいにんきんえい》）

（一八九五～一九七一）

東京麻布の人。小笠郡桜木村（掛川市）永江院にて金優和尚に就いて得度。日置禅師に就いて立職。海外開教師を務めた後、磐田市智恩斎、永江院住職を経て晋住。後に大本山總持寺の後堂を務める。

第五十三世　原田（規外亮裕《きがいりょうゆう》）

（一八九一～一九八五）

広島県三原市の人。岡山県梅林寺に首先住職。その後、浜松市成金寺から晋住。山内整備に努めた。『髙階瓏仙禅師傳』を編集。

第五十四世　鈴木（一峯泰山《いっぽうたいざん》）

（一九〇七～一九九六）

磐田市豊田町大円寺に出生。歴史社会・宗教史を修め、愛知学院大学、浜松商科短期大学、愛知大学等で教鞭をとった。最大の功績は『可睡斎史料集』（思文閣出版）の刊行。

第五十五世　伊東（康国盛熈《こうこくせいき》）

（一九三〇～二〇〇八）

長崎県佐世保市の人。宗議会議員や宗務総長を歴任。佐世保市の興禅寺から晋住。特筆すべきは、平成十（一九九八）年、六十年に一度の秋葉三尺坊大権現大開帳と、諸大法要、諸行事並びに諸堂伽藍の大改修である。大本山總持寺監院を務めた。

第五十六世　嶋田（悟山吉春《ごさんきっしゅん》）（一九三三〜二〇一一）

長崎県諫早市の人。高階禅師に随身。梅花流（詠讃歌）特派師範として全国を廻り、また宗務所長としても活躍。秋葉三尺坊大権現大開帳の際、御開帳事務局長を務めていた三宅心戒老師遷化に伴い、後任として事務局長に就任。御開帳円成後に副寺を経て浜松市宗安寺から晋住。

第五十七世　佐瀬（不昧道淳《ふまいどうじゅん》）（一九三二〜）

鳥取県北栄町の人。昭和二十九年可睡斎にて高階瓏仙禅師に就いて得度し、可睡斎専門僧堂安居。駒澤大学では最晩年の沢木興道老師に参禅。昭和三十五年大本山永平寺安居。その後、島根県慈照院住職、同県松源寺より平成二十三年、可睡斎に晋住。この間、島根県第二宗務所長を歴任。斎主就任後は、徳川家との繋がりや活人剣、護国塔等、当斎の歴史的遺産を見つめ直す活動を展開。併せて可睡斎ひなまつり、遠州三山風鈴まつりなどの開催や、本書の発刊等、地域への貢献や寺門の興隆に尽力している。現在、大本山總持寺顧問。

可睡斎よもやま話

可睡斎寺伝の謎を考える

和久田雅之

可睡斎に伝わる三つの寺伝資料

可睡斎には、『可睡斎起立幷開山中興由来之略記』（以下『由来略記』）と『御当家御先祖江御由緒譜・遠州上久野村万松山可睡斎略旧記』（以下『略旧記』）と『可睡斎御由緒口訣《くけつ》室中秘録之分』（以下『秘録之分』）の三つの寺伝資料が残されている。

歴史的に最も古い内容が記載されているのは『秘録之分』であるが、文章化された時期は、古い順に『由来略記』、『秘録之分』、『略旧記』となる。成立時期が明確なのは、『由来略記』のみである。

『由来略記』は、元禄十三（一七〇〇）年仲春、二十七世教寂芸訓が五代将軍綱吉の求めで仏典講義のため出府した際、江戸の旅宿で書き記したものである。末尾に「教寂芸訓叟欽白」の署名がある。

次に『秘録之分』が文字化された時期は、『由来略記』が撰述された元禄十三年から、『秘録之分』の記事が初出する『日本洞上聯燈録』ができた享保十二（一七二七）年の間と考えられる。『日本洞上聯燈録』十二巻は、芝青松寺の嶺南秀恕が三十年余の歳月をかけて享保十二年に完成した大著で、この中に「可睡天叟善長禅師法嗣　可睡鳳山等膳禅師」の項がある。『秘録之分』の主な内容は、太路一遵から仙麟等膳までの歴世録や竹千代救出と等膳の妙見斎在住時のこと等々である。

『略旧記』は、『由来略記』と『秘録之分』の両方を取り入れた内容になっているので、最後に書かれたことは明白である。

寺伝資料の疑問点

これらの寺伝には、明白な誤りや疑問点などが散見される。例えば、「開創はいつか」「三つの寺伝が書かれた時期や相互の関係は」「書いたのは誰か」「『秘録之分』の真偽は」「『秘録之分』を秘密の口伝にした理由は」等々である。

根拠とする資料が極めて乏しい中、歴史的背景や関係者の事情、立場、思いなど様々な要素を勘案しながら三つの寺伝の関連や信憑性《しんぴょうせい》等について考えてみる。主たる参考資料は、『可睡斎史料集』第一巻　寺誌史料と『曹洞宗の地域的展開』（鈴木泰山著）である。

『由来略記』について

『由来略記』成立の過程

『由来略記』は、成立時期も撰述者も明確な上、後記から二十七世教寂芸訓が学僧として最善を尽くしてまとめあげた書であることが分かる。

芸訓が『由来略記』を書くに至った主な動機は、二つ考えられる。

一つは、大洞院六派から大洞院の法式（可睡斎が頂主）についての異論が出て訴訟となったこと。

いま一つは、口伝された内容が等膳から十数代の斎主交代の間に次第に変化し、史実に合わない箇所が目に付くようになったこと。

『由来略記』には、歴史的に見て明確なことのみを記録しようとする芸訓の意図が感じられる。そのためか、増善寺における竹千代と等膳の逸話や、等膳が家康の前で居睡りをした話は省かれている。

なぜ寺名が可睡斎なのか

寺名として他に例を見ない「可睡斎」という名がなぜ付けられたかについては、『由来略記』には言及がなく、太路一遵が建立した寺の名を現在と同じ「萬松山可睡斎」としている。僧録寺院可睡斎の立場からすれば、寺の前身が東陽軒であるより、当初から「可睡斎」であった方がいいという思いが働いたようだ。

それではなぜ、「可睡」という不思議な寺名が付けられたかの疑問が残る。いくら探してみても可睡斎の建つ久野周辺に「かすい」に似た音や地名が一切ない上、仏教用語ほかにもそれらしい言葉はない。したがって、可睡斎の寺名は、「居睡り和尚」の逸話から付けられたと考えるしかない。等膳が御前で居睡りしたことがあって、周囲からそう称された事実があったに違いない。

この開創期から「可睡斎」の名が付けられていることを除けば、『由来略記』

は疑わしいと思われる事柄を排除して、簡潔に記している。信頼性は高いものの、あまりにも素っ気ないので、二十九世大通貫道が後に、『略旧記』の執筆を思い立ったのであろう。

芸訓は、『由来略記』撰述三カ月後に示寂してしまった。後継斎主には、芸訓の法嗣である東州真海が選ばれた。

『由来略記』と『秘録之分』の扱い

将軍綱吉は、芸訓の突然の訃報にさぞ驚いたと思われる。ついこの間、元気な芸訓から進講を受けたばかりだったからである。綱吉が、芸訓の後任を命じた東州真海に、江戸城で台命を下したとき、綱吉は芸訓の示寂の様子や可睡斎の今後について下問したと思われる。

寺伝の継承について、二十八世の真海は、芸訓の先代で存命していた黙外門室から口伝で受けたのであろう。そこで、真海が頭を悩ませたのは、『由来略記』が書かれた以上、徳川家との関係の根拠となるものとして代々口伝で受け継いできた『秘録之分』の扱いをどうするかであった。『由来略記』を世に出せば、家康と等膳の関係から築き上げられてきた徳川家と可睡斎の良好な関係にひびが入ってしまう恐れがあったからである。

真海晋山三年後の元禄十六（一七〇三）年に元禄地震、その四年後の宝永四年に宝永地震。同年十一月には富士山が大噴火し、江戸中に火山灰が降り注いだ。真海は、在斎八年間に未曾有《みぞう》の大災害に次々と見舞われ、この間、自らを顧みず必死に奮闘したものの、ついに病に倒れてしまった。

大難局の渦中にある可睡斎の後事を託したのは、真海の法嗣であり力量人物共に信頼できる大通貫道であった。重大な使命を帯びて晋山した二十九世貫道は、震災後の可睡斎の立て直しに奔走した。

真海は森の全生寺に隠居したものの、その後十年近く存命したので、貫道にとっては良き相談相手になってくれたと思われる。二人には、『由来略記』と『秘録之分』の扱いをどうするかという課題が残されていた。時期は定かではないが、その後、二人が出した結論は、『由来略記』は秘して当分外部に出さない、『秘録之分』は文字化して代々受け継いでいく、だったようだ。

『由来略記』が陽の目を見るには、それから実に二百年余りの歳月を要した。

四十九世秋野孝道の学僧としての良心に基づく英断があったのである。

『秘録之分』について

『秘録之分』の成立過程

『由来略記』の存在を秘することにしたため、斎主間では従来通りに『秘録之分』の内容を伝えていくことになる。そのためには、口伝の度に内容が変わっては困るので、文字化する必要に迫られた。貫道は、隠居している真海と度々連絡し合い、『可睡斎御由緒口訣室中秘録之分』と題した寺伝の文字化を進めていったと思われる。その時期は、貫道の斎主時代、享保五（一七二〇）年から元文元（一七三六）年の間である。

「口訣《くけつ》」とは、「口で授ける秘術。口授の秘伝」のことで、「訣」は「奥義」。「室中」は本堂内陣の東西にある部屋のことで、師弟の嗣法相続は、この部屋で行われている。

『秘録之分』

『秘録之分』の末尾に、「右は宋山和尚の切紙内、秘録之有り候へども、紛乱有らんことを愁へ、後代のために記録し置くものなり」とある。「切紙《きりがみ》」とは「切紙免許」の略で、芸能や武芸などにおいて紙に記した免許目録のことである。

このことは、『略旧記』に書かれている「(天正年中）大神君の思し召されの儀、共に御密談に等膳に仰せ渡され候。尤も是は秘して他聞に漏らさざる事にて、現住々々之を伝授す。因みに口伝に致し来たり候故、此事更に之を知る者無きなり」に符合している。斎主から斎主へ継承する「極秘の口伝」は、東照大神君直々の仰せによって決定したことであったから、斎主にとっては守らなければならない最重要事項だったのである。

『秘録之分』が口伝の理由

寺伝を伝える際、なぜ、正確に伝達するのが難しい口訣にしなければならなかったのだろうか。

考えるに、東陽軒が可睡斎と改称し、一躍僧録寺院として四カ国を統括することになったことで、多くの寺院からの反発が予想された。そのため家康は、領主の権限を以て強引に可睡斎を僧録寺院にふさわしい寺格に高めたのである。

家康としては、領国における宗教政策の要《かなめ》に置く寺院には、古くからの様々なしがらみがある寺院ではなく、手垢が何も付いていない真っ新《さら》な可睡斎を何がなんでもしたかったのであろう。しかし、等膳からすれば、大洞院や一雲斎を差し置いて僧録の立場に立つことは、驚天動地のことであった。再三辞退したのだが、家康の説得で結局は承諾せざるを得ない状況に追い込まれた。

等膳がなぜ口訣にこだわったかというと、身の程知らずの僧録という重責を全うしていくためには、家康との関係が最大の拠り所で、それを強調する以外に管轄内の寺院を統括することが難しかったからである。

家康の等膳への厚遇は、等膳と家康の父広忠（仙千代）以来の親子二代にわたる篤い信頼関係に根差しており、家康は等膳が人物力量共に、その任に堪えられることをとうに見抜いていたのであろう。等膳は家康の期待に十分応えると共に、禅易・宋山という傑出した後継者をも育てたのである。

一方、等膳と禅易、宋山との師弟関係は、堅い絆で結ばれていた。三者は、嗣法関係にある上、等膳と宋山は共に篠島の出身で「石橋」姓。禅易は三河の出身だが、篠島に住み等膳の下で修行している。宋山は禅易の法嗣である。『秘録之分』末尾に「宋山和尚切紙内」とあるから、正式の口伝は宋山から始まったと考えられる。等膳と禅易、宋山までは共通理解ができていたが、時が経ち斎主が代替わりする度、内容に齟齬《そご》が生じたのであろう。

『秘録之分』の内容と後世の評価について

『秘録之分』に書かれている内容は要約すると、

・等膳の出自。等膳、駿州慈悲尾《しいのお》増善寺に錫《しゃく》を留《とど》める。
・竹千代の父松平広忠（仙千代）、岡崎城を逃れ篠島で等膳と両月過ごす。
・竹千代、増善寺で等膳と出会い、等膳の助けで篠島に脱出、後に岡崎へ。
・家康、浜松城に等膳を召す。等膳、御前で居睡り。居睡り和尚の名が付く。
・家康、東陽軒を可睡斎と改め、等膳を住持に命じる。
・家康、一雲斎から如仲ら三代の世牌を可睡斎に遷《うつ》し一雲斎を末寺とする。
・家康に依頼され、等膳は二人の弟子を伴い築山殿の亡魂を鎮める。
・家康、等膳に四カ国の僧録を命じる。等膳固辞するも結局受ける。

『秘録之分』は、後世どのような評価を受けてきたかというと、

・軍事や政治史などにあまり詳しくない僧徒が、可睡斎と家康の関係をことさら強調して書いた。

・同一人の筆になるまでに、個々の伝承や物語等が形成されたことを裏付けるように、真偽が入り混じり、文章や文体が巧拙混交している。

・等膳の助けで篠島に逃れた竹千代が、岡崎城に戻った話は、父広忠の話と混線している可能性がある。

等々である。まさにこの通りであるが、内容の要約十一項目のうち明らかに史実や現実に適っていないのは、三つ目に記した「等膳が竹千代を増善寺から連れ出して篠島へ逃れ、その後岡崎へ帰した」という部分であり、これ以外は、特に非難される内容ではないと思われる。

真偽混交、文体巧拙混交なのはなぜか

『秘録之分』は、題名通り代々口伝の奥義だったものを、大通貫道の在斎期間に文字化したものである。口伝された内容以外に、以前の斎主が残したメモな

どがあればそれらも参考にしてまとめたものと思われる。文体や表現が巧拙混交し、同一人物の書いたものと思えないのは、残されたメモなどをそのまま書き写したことによるのではないか。元来、口伝えで正確に伝えることは極めて困難である。数人で実施する「口伝えリレー」でさえ、伝達内容が少し長文になると、正確に伝達されることは皆無と言える。まして、百年の長期にわたって、十数人の斎主間で口伝されてきた『秘録之分』が一言一句正確に伝承されることはないと言わざるを得ない。

恐らく、口伝された新斎主のほとんどが、忘れないように個人的なメモを残したであろう。また、聞いたことをメモする時点で、若干のズレが生じてしまうのは止むを得ないことである。そして、聞き違いや、聞き落としは言うまでもなく、聞く側の知識教養や興味関心などによって解釈が変わっても不思議ではない。さらに、老齢で耳が遠かったり、十七世一東秀天斎主以降、関東から晋山する斎主が増えたりしたため、可睡斎を取り巻く駿遠三地方の歴史や地理に詳しくなく、誤りがあっても気が付かないまま過ぎた可能性も否定できない。

貫道は、口伝の文字化に当たり、内容の確認はもちろん、文体の統一や文章も整える必要があったが、それをしなかったのは、恐らく文字化したものを次の斎主に伝達したのではなく、実際は従来通り口伝で伝えたからだと考えられる。自分の一存でそれまでのやり方を変更するのは、あまりにも恐れ多いことだったからである。

それに、自ら記録したものの方が従来の残されたメモより余程しっかりしたものと考え、それで整えなかった可能性もある。さらに、地元の事情に疎かったこと、秘密裏の作業のため他者に確認できなかったこと、歴代伝えられてきたものだけに内容をはじめ、文体・表現の推敲を一存で行うことが憚《はばか》られた等の理由で、真偽混交や文体の不一致、文章の巧拙などに修正を加えることなく、そのまま受け継いでしまったのであろう。貫道以降の斎主も恐らく訂正することなく継承し、ほぼ貫道が文章化したままの形で現在に至ったものと思われる。

『略旧記』について

二つの寺伝をまとめたのは、貫道か

『略旧記』に書かれている主な内容は、次の通りである。

・応永年中、如仲天誾、久野に大通庵を結ぶ。
・太路和尚、師の跡を尋ね、大通庵を可睡斎と号する。
・天文四年、家康の父広忠、篠島に逃れ二カ月間潜む。
・竹千代、等膳に頼んで篠島へ逃れ、二カ月後岡崎城へ移る。
・家康等膳を浜松城に呼び、無住の可睡斎住持に命ずる。
・家康、一雲斎から世牌を移し、可睡斎は本寺となる。
・等膳と二人の弟子、築山殿の怨霊を調伏する。
・可睡斎、曹洞宗の僧録となる。
・家康、等膳と禅易に禅師号を賜るよう計らう。

等々である。この内容には一部誤りもあるが、おおよそは、『由来略記』と『秘録之分』の内容が転載されていると言える。

『略旧記』の末尾に、「可睡斎開山幷十一代十二代十三代示寂者」として、如仲天誾・仙麟等膳・一株禅易・士峯宋山の示寂年月日が記されている。そしてその最後に、「可睡斎二十九世現住　大通写之」とある。これは、大通貫道が

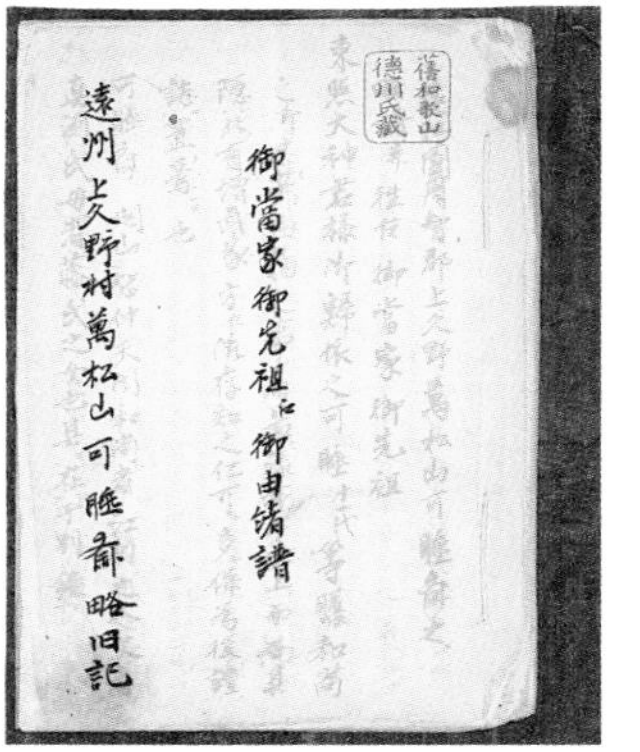

『略旧記』

まとめはしたが、著述したわけではないので「写す」と記したのであろう。

まとめ

三つの寺伝の関連や信憑性などについては、各寺伝の項の中で記したが、その成立年代と撰述者等についてまとめると次のようになる。

寺伝の成立年代と撰述者ほか

- 『秘録之分』…等膳が内容を考えて禅易・宋山に伝え、宋山が等膳の意の通りに秘密の口伝とした。成立は一七〇〇〜一七二七年の間。文章化したのは大通貫道か
- 『由来略記』…教寂芸訓　一七〇〇年
- 『略旧記』……大通貫道か、一七二〇〜一七三六年の間

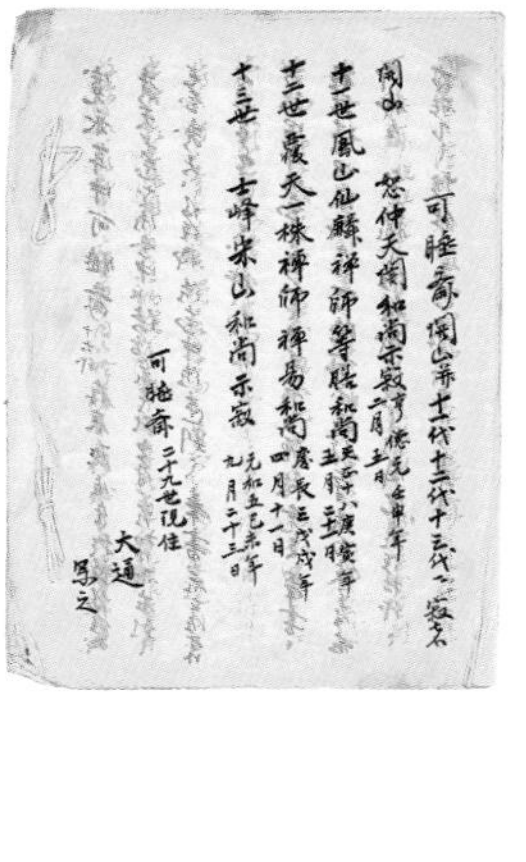

『略旧記』の末尾

可睡斎は、その歴史を語る上で、若干の矛盾を抱えながらも長い時を刻んできた。可睡斎の名が歴史上確認できる最も古い文献は「武田家禁制」で、四百五十年が経つ。僧録寺院になってからでも四百三十七年になる。今回、『可睡齋物語』を刊行するにあたり、『可睡斎史料集』第一巻所収の三つの寺伝を中心に、入手できる著述や論文に目を通したが、関係する資料が乏しい上、資料自体の信憑性の問題もあり、難儀した。

時代背景やその時の状況、立場、心理等、様々な視点から理解しようと試みたが、浅学非才ゆえに表面的な理解にとどまってしまった。

資料を前にして考える毎《ごと》に、新たな課題が次々と生じてくるばかりで、真実は奥が深く、分け入ればますます遠のいていく思いを幾度も経験した。ここには、現時点での私見を記した。今後も引き続き考えていくつもりである。

近い将来、未見の資料が発見されたり、周辺の研究論文が出されたりすることで、より精度の高い「可睡斎史」が刊行されることを切に願う。

可睡斎随想

可睡斎の想い出

静岡県書道連盟顧問　大谷青嵐

昭和十二年生まれの私にとっての可睡斎の想い出となると、先ずもって言えることは、「素晴らしい環境と豊かな自然」であること。左に原野谷川、右に太田川、南に遠く遠州灘が一望出来た。現在よりも百八十度遠望出来た。

私は磐田郡今井村太田に生まれ、太田川と可睡斎が主たる遊び場と行動範囲だった。昭和十九年十二月七日昼の東南海地震で、今井村は全滅、我が家も三分で全壊、特に太田川左岸がひどかった。村が全滅の中で、今井小学校はかろうじて持ちこたえていたものの、ガラス戸が一枚、一枚、休む間も無く割れていく。校舎もミシッ、ミシッと秒単位で音を立てていた。夜中になってもこの音は消えない。数日後、ついに轟音と共に倒壊してしまった。

翌日、六歳の大谷少年は、可睡斎はどうなったか、護国塔は、石碑は、と思いながら走った。ちゃんと残っているではないか。とても嬉しかった、しかし、他の小さな建物は駄目だった。

可睡斎の想い出のなかで、なぜか私は昭和十七年から二十八年ぐらいまでの事が鮮烈に胸に残っていて不思議でならない。護国塔と護国塔碑、吊り鐘、若いお坊さんが時間に合わせて鐘撞きに来た。何回か打ち終えたのを見はからって、吊るされた鐘の真下に入って、お坊さんにせがんで一撞きしてもらった。その時の鐘の轟きは凄かったが、何か心地よい余韻は今も忘れない。今思えば、誠に失礼な事を頼んだものと反省している。

終日遊んで夜の帰り道、逓信省の航空灯台のサーチライトが天空を百八十度放射する光を、最初は一体何だろうと思っていた。上空へ向かって広くなっていく光は、子ども心に不思議でしょうがなかった。誰かが夜っぴいて操作しているのかなと思ったりもした。今思うとどんな仕掛けの機械か、歯車状のものかと思ったりもする。

今一つ、灯台らしきものが六の字穴の近くにあった。福田か横須賀辺りの遠州灘を通過する船の目安になったと聞く。八、九歳の頃と思うが、今井小学校の女の先生、海老原きよ子先生が自慢げに言うに、この灯の明るさは、「百燭光」だからすごいよと言っていた。当時、百燭光という光の強さはどんなにすごいか解せなかった。今もって解っていない。その灯台の場所を下って二又に分かれた左奥に、輪り経堂があって、堂の中が廻るようになっていた。それを廻すのが楽しくて、頼りない動き乍ら、ギ――ッと言う音と油切れのような音が混じっていたのが思い出される。

六の字穴も、当時は徳川家康公にも関係すると言われ、ぐるっと廻って出てくると頭がよくなると言われて、何度も何度も入った。いつも思っていたのは、六の字穴というけれども、どう考えても9の字ではないかと子ども心に思った。

ほかに、赤い天狗と烏天狗の青色が脳裏に焼き付いている。忘れられないのは、活人剣と李鴻章の碑である。父親から、伊藤博文と李鴻章、佐藤進の話をしょっちゅう聞かされていた。護国塔と護国塔碑、活人剣と李鴻章碑がなぜ可睡斎にあるのか不思議がってもいたし、自慢でもあった様だ。活人剣の台座部分の円柱碑の書は、曹洞宗の有名な経典、『修証義』を編んだ大内青巒の書になるもので大変な価値である。

話は横道にそれるが、六歳の大谷少年は、今井小学校の前の駐在さんの隣りが家だった。戦争末期、アメリカのB29やグラマン戦闘機が浜松空襲をした後、二俣で向きを変え、袋井から洋上の母艦に帰る途中、今井小や袋井周辺の学校や大きな建物に、残り弾を落として行く。村の駐在さんは、村中、自転車で走り回っていたので、大谷少年が駐在所の電話を受け、その状況により、わずか六歳ながら、半鐘のゆっくり打ちか、連打か、擦り半か、咄嗟の判断で決めて扣《たた》く。打ち終えて直ぐに走って、農協にあるサイレンのハンドルをまわす。ここで言う半鐘、一年前までは火の見櫓にかかっていた。その火の見櫓も鉄の供出で無いので、半鐘は今井小の校門奥の松の木の天辺に吊るしてあったので、よじのぼっての仕事である。なぜこの話を持ち出したのかというと、父から聞かされていた活人剣も、鉄の供出の犠牲になっていたのである。いくら何でも当時、活人剣を守ることが出来なかったかと、日本の軍もそこまで来ていたかと、ガッカリしたことを覚えている。だから私は人一倍活人剣に想い入れがあるのです。

当時の可睡斎の周辺は、自然が豊かであった。アユ、ハヤ、セイゴ、ズイゴ、クロンボ、カジカ、ウグイ、ウナギ、コイ、フナ、いつもバケツ一杯だった。ナマズ、ヘッコ、メセロ、タナビラ、モロゴ、ネギブト、ネギバヤ、ツボ、シジミ、ドジョウ、カンナメなどなど、まだまだいっぱい。家から可睡まで毎日の様に夜までかよって捕まえた。夜はカンテラ下げてである。食べるものが無かった時代ではあったが、これらの魚は生活の基となった。すべてが可睡斎の想い出と連結する程に、可睡は私にとって身近な存在であった。

ちなみに下関で李鴻章を狙撃した小山豊太郎が北海道まで護送される途中、各地の刑務所に一旦入るのであるが、英雄扱いする刑務所もあれば、厚遇するところもあった様である。豊太郎が静岡県の各警察の待遇が最もよくなかったと言っているのも面白い。

世界情勢が急激に変化する中、可睡斎の果たす役割は大であると期待しつつペンを置きます。

可睡斎の思い出今むかし

元檀家総代　中山　浩

昭和十九年十二月に、東南海地震が発生した。当時の可睡門前では、土産物などを扱う店が瀬川屋さん、西尾商店他数軒と営業してない旅館が一軒あった。私は瀬川屋のせつおばさんに抱えられて屋外に避難したことを覚えている。余震を恐れて戸外で、恐怖と冬の寒さに震えていた記憶がある。袋井市内では、小学校や寺院、住居が倒れ、多数の死者が出たようだが、可睡斎も我が家も多少の歪みが出た程度で済んだ。この地震で、秋葉電鉄の電車のレールが土地の陥没のため宙に浮いてしまい、復旧することなく廃止となった。

小学生になって、我が家が可睡の檀信徒だと初めて意識したことがある。学芸会で武士の役をすることになり、衣服に困って蔵の中を探したところ、袴や道中差しが出てきた。曾祖父によると、江戸時代に可睡斎の斎主さんが江戸にお出かけになる時、近在の百姓数名が荷物持ちでお供をした時に使った衣装とのことである。

お寺は寺子屋、遊園地

月に一回程度日曜日に、お坊さんが門前の子供たちを集めてお話や紙芝居など様々なことをしたり、させてくれたりした。可睡の名前が、お殿様の前で居眠りしたことからつけられたことや、「眠るべし（睡る可し）」を下から上へ読むのにはびっくりした。お釈迦様の教えやその生涯についての紙芝居やお話は、大変興味深く今でも記憶している。

お釈迦様の誕生日の「花祭り」では、甘茶をお釈迦様の頭頂から注いだりした。また灌仏会では、四つの車輪が付いた台車に白い像を乗せ、その背にお釈迦様を乗せて袋井駅まで引いて行った。法話では、「嘘をついてはいけない」「欲張ってはだめだ」「盗みをしない」、「一日一善」、「両親のお陰で遊んだり勉強できるのだから感謝しなさい」などと諭された。また、坐禅や食事などを通して様々な礼儀や作法などを学習した。時には宿題もみてもらった。私たちは、日曜日にお寺へ行くのがとても楽しみだった。

様々な堂塔伽藍のある境内と山や池、樹木がいっぱいの広大な敷地は、格好の遊び場だった。

晴れた日にはガキ大将の一声で集まり、山に分け入って松茸や山桃・栗・アケビなど野生の果実を採りに行った。巡査と泥棒に分かれて遊ぶ「巡泥」では、山の中に隠れ家をつくったり、本堂の縁の下に潜り込んだりした。青池（水行池）で泳いだり、テニスコートの跡地でソフトボールに興じたり、雨の日には坐禅堂で卓球をした。可睡斎のあちこちで遊びまわった幼き日のことは、今もほっこりした気分と共に思い出す。

お寺の思い出あれこれ

可睡斎を会場に、秋葉講や企業・公務員の宿泊研修が多々あり、研修の合間に娯楽映画が上映された。その情報が入ると、夕食もそこそこに瑞龍閣へ出かけ、最後列で観賞させてもらった。映画館へ行く機会のなかった私たちは、悦び勇んで出かけた。はじめのニュース映画で世の中の動きを知り、時代劇には惜しまず拍手した。恋愛ものは、意味がよく分からず困惑した。

初詣で一年が始まり、八月の花火大会、十二月十五日の火祭り、除夜の鐘などにはお寺に寄せていただいた。受験の夏には、境内の涼しい木陰で勉強したことが懐かしい。

大学を卒業し高校の教員になって、長男が小六の時、八十人ほどいた地区の子供たちにも私と同じ体験をさせたいと思い、お寺の承諾を得て「可睡斎の集い」を企画した。内容は、法話・食事・掃除など。感想文集には、合掌や正座、食後の食器の扱い・掃除の仕方などが特に印象に残ったようで、「違う可睡斎が見えた」「来てよかった」「いい勉強になった」などの感想が寄せられた。

多くの役についたが、民生委員では寺で教えられた「自利利他」「和顔愛語」「脚下照顧」を常に念頭に置いて相談に乗った。総代の時は、募金のお願いではつらい思いもしたが、最終的には檀家さんの協力を得て無事務めを果たすことができた。お授戒の勧誘では、門前の数名と共に戒弟に参加、戒師の總持寺貫首様から血脈と戒名をいただいた。

今の佐瀬斎主様のご就任以降、私たちにとってありがたいことが次々と起こった。護国塔や活人剣が再び世に出、お雛まつりや風鈴まつりなどが開催されたことでお寺が心休まる癒しの空間となり、多くの皆さんが訪れてくれるようになった。

その反面、台風等の自然災害により多くの樹木の倒壊や斜面の崩落、果ては山門の倒壊と続き、その復旧工事にご苦労された。訪れる参拝客のことを思っての素早い対応であったようだ。

平成二十九年には斎主様が戒師をなさったお授戒に妻と一緒に私も参加させていただいた。いただいた血脈と戒名は仏壇に供えて、毎日手を合わせている。これを機に、可睡斎で行われている御詠歌の講習会にも出かけるようになった。

私の一年は、可睡斎の斎主様のご挨拶を聴いて始まるのである。

●安居者の思い出①
「何でこんなところへ来てしまったんだろう」

山形県出身安居者（二十八歳）

これまで見たことも聞いたこともなかった僧堂での生活に興味を抱き、安居してみようと決心しました。

でも、いざ修行僧としての生活を始めてみると、余りにも何もできない自分が情けなく、古参和尚からの強い指摘を受けるたびに、「なぜこんなことができないのだろう。どうしてこんなところへ来てしまったんだろう」という思いが日増しに強くなっていきました。

そこで、同安居の修行僧たちに「自分たちはどんな思いで、どんな対処をしているのか」と聞いてみると、みんなから「とにかく目の前のことに一生懸命取り組めばそんなに悩まなくなるはず」と言われ、「そうなのか…」と思いました。

それからは古参和尚に言われたことを「何も考えずにただ一生懸命にやってみよう」ということだけを思いながら、様々なことに取り組んでみました。

まだまだ、真から納得して僧堂生活を送っているとは言い切れませんが、最近、このまま一生懸命に修行に取り組んでいけば、「何か見えてくるのではないか」と思えるようになってきました。

修行とは、自分の心の持ち方次第でどのようにもできるものではないかと思います。「僧堂で安居してみよう」と思ったその初心を決して忘れないように、これからも精進し続けていきたい、と改めて思い直しているところです。

●安居者の思い出②

地方僧堂ならではの特色を生かして本山ではできないことができる。

静岡県出身安居者（三十二歳）

大本山永平寺での一年間の僧堂生活を経て、可睡斎に安居して八カ月が過ぎました。

可睡斎に来て想うことは、本山では多人数のためできなかったことが、「ここではできる」ということです。

鐘司から上の配役の堂行、挙経までを三カ月をめどに覚えるよう差定（法要を行う際の式次第や配役などの約束事を示したもの）が組まれていますし、毎日のように勤修する御祈祷によって読経についての上達も早くなり、声も前に出るようになるほか、可睡斎と言えば「御祈祷太鼓」と言われる、その太鼓の習得も半年もあればできるようになります。

できるだけ短期間に宗侶として「知っていなければいけないこと、できなければならないこと」を身につけ、世間に戻ってから即実践的な僧侶として対応していくためにも、可睡斎での安居生活はとても有意義であると思います。

さらに可睡斎には永平寺や總持寺の両本山、さらに他の地方僧堂で役寮を勤められた経験のある老師方もいらっしゃるので、本山や他の地方僧堂でしか聞けない貴重な進退作法や僧堂規範などの知識や指導を受けることもできます。

私もこの制中で首座（安居中に僧堂で修行する大衆の第一座に立つ僧）を務め、毎日充実した僧堂生活を送ることができました。

●安居者の思い出③

病気が導いた出家への道

奈良県出身安居者（四十七歳）

厚労省指定の難病（潰瘍性大腸炎）を患ったのは、今から八年前。突然、下血と激しい腹痛が始まり、「現代医学では完治させることは不可能」と告げられた時の絶望感は忘れられません。

現代医学が「不可能」というならば、他に原因と対策があるはずだと思い、「精神世界」に目を向けてみました。その手の本も多く読み、講演会や勉強会にも足を運びましたが、その結果、「自分の心を浄化し、明るく前向きになり、感謝の心で生きることがいかに大切か」という思いに至りました。

そんなとき、いろいろなご縁で坐禅をしてみる気になり、奈良県にある曹洞宗の寺院の参禅会に赴きました。回を重ねるうちにその寺院のご住職から「僧侶になっては」との提案を受け、約三年間、熟考を繰り返すうちに出家を決心しました。そして、「中高年且つ体調に不安のある在家出身者も受け入れてもらえる」という可睡斎の門を叩いたのでした。初めの一カ月は参禅者として雲水の方々と生活を共にさせていただきましたが、今まで送ってきた生活とは全く違う世界での僧堂生活は戸惑いと緊張の連続でした。

ひと月が経ち、いよいよ僧侶になるべく雲水修行を始めた私に、老師方や古参の先輩方は「自分以外は皆師、今すべきことに集中せよ」とアドバイスしてくださいました。

本当の修行がこれから始まります。応援してくださっている地元の皆様や、これまでお世話になった方々のご恩に報いられるよう、「一生懸命修行に励んでいこう」との思いを強くしているところです。

●安居者の思い出④

私の進むべき道を求めて

栃木県出身安居者（五十八歳）

私は「坐禅」という言葉を知ってはいましたが、全く興味はありませんでした。その坐禅との出合いは、同じ職場に勤務する方のお寺で毎月一度の参禅会があり、「来てみないか」と誘われたことがきっかけでした。

参禅会に参加するようになり、次第に坐禅や仏道について修学したいという志を抱くようになっていきました。

こうした思いから、四十年の節目をもって仕事を退職し、今後の自分の道を求めるべく、その年の春から可睡斎に長期参禅者として身を置くことに決めました。

可睡斎での生活は、朝起きてから夜床に就くまで修行の連続です。朝の坐禅はちょうど新緑の季節ということもあり、とても爽やかで、うぐいすの鳴き声が心に響きます。

しかし、法堂でお経を唱えるときは口が回らず、その速さについていけません。また、家庭ではテレビを見ておしゃべりしながら食事をしておりましたが、ここでは箸や椀の持ち方も決まっており、音を立ててはいけないなど、食事作法に慣れるのも大変です。さらにトイレや風呂に入る時も、家庭にいるときは何の感謝もせず、当たり前のように済ませていましたが、ここでは偈文をお唱えし、仏様に感謝して使用いたします。

私にとって、ここでの生活は毎日が覚えることの連続と失敗の繰り返しですが、これまでとは違った充実した日々を送っています。これから本当の修行が始まりますが、老師方や古参雲水のご指導をいただき、修行を続けていけば、僧侶となったときの自分のやろうとする道がきっと見つかると信じています。「今日一番、今一番」の気持ちを持って、修行に臨んでいくつもりです。

●安居者の思い出⑤

「道元禅師から続く長い伝統の中で修行できる喜び」

ブラジル出身安居者（尼僧・五十三歳）

私はブラジルでこれまで英語とヨガの教師をしてきました。

私が禅の勉強を始めたのは八年前です。そして、曹洞宗の禅から「きっと生きる意味を見出すことができる」と思い、坐禅をするようになりました。やがて私は、『伝光録』を読むようになり、お釈迦様の誕生の地やお悟りの地、中国の少林寺などを訪ねました。

そんな経験から、私は道元禅師の教えを今に伝える日本の曹洞宗のお寺で本格的に学びたいと思い、可睡斎で修行することを決めました。

可睡斎の皆さんは本当に親切にしてくださいます。私は可睡斎で修行する縁を結ぶことができて、とても感謝しています。

でも、全く日本語が話せないので、日本式の修行に戸惑っています。ブラジルでは、大枠の決まりはありますが、細かなところは自分自身で何をすべきかを考える、という修行です。

ところが、日本では全てがマニュアルで決まっていて、それに自分を合わせていくという修行のやり方です。そして一日の全ての時間をお寺の中で過ごさなければいけません。また、細かなことを大切にしなければならないというルールもあります。

そんな可睡斎での修行の毎日ですが、これからもお釈迦様や祖師方の教えを忠実に守り、どこまでも修行を続けて行きたいと考えています。そして、全てがうまく行き、幸せで安穏な日々が訪れることを願っています。

（日本語訳を抜粋）

●安居者の思い出⑥
日本文化の豊かさを実感」

ブラジル出身安居者（男僧・三十九歳）

私はブラジルのサンパウロから、道元禅師・瑩山禅師の曹洞宗の教えと、多くの儀礼を修行して学ぶために、四年以上前に可睡斎に参りました。

現在、世界中の人々は多忙な生活を送っています。そのため、自己と世界を理解する時間は短く、ストレスを感じています。

南北アメリカとヨーロッパでは、日本の仏教への入り口は、坐禅です。日常生活のストレスから、平穏な心を再び取り戻す方法が求められており、外国人にとって坐禅の影響は計り知れません。そして、宗教としての仏教も、少しずつ、文化システムとして外国にも浸透し始めています。

このように、日本伝統の文化的豊かさに少しずつ関心が集まり、長い修行への旅に興奮する若い外国人僧侶も増えています。

私は四年以上のトレーニング（修行）を経て、日本文化の豊かさ、特に相互尊重について、驚き続けています。

日本語を学んで漢字の意味が分かるようになってくると、ますます外国の世界と日本の世界の奇妙なつながりを感じます。

今日、私は心の中に〝日本〟を感じており、そして、それは本当に素晴らしいものです。

可睡斎は、様々な活動があり、長い歴史を持つお寺です。外国人が仏教・禅について多くのことを学ぶ絶好の機会となる場所です。

おそらく日本で外国人の僧侶が安居する専門僧堂としては、最高の受け入れ体制が整った寺院だと思います。

（外国人安居者本人が日本語で記述）

明日の可睡斎

「仏さまのテーマパーク」へ

本書を刊行した令和二（二〇二〇）年には、図らずもコロナ禍により、世界的に変革の波が押し寄せ、社会でも全般的に再編成の動きが加速し始めた。

こうした動きは人間関係にも及び、私たちの生活環境にも大きな変化が生じてきている。寺院も、これからの新しい時代の変化に対応できるよう、今、在り方への見直しが迫られている。

可睡斎前西堂の中野東禅老師は、仏法僧の「三宝《さんぼう》」、すなわち「真理と正しい法則、その法を正しく伝え、支え合う信心仲間」に帰依することこそ肝要、と説かれている。

かつての日本人は、勤勉・温厚・誠実・実直・正直等を大切にする国民であった。毎朝、神仏やご先祖を拝み、恨みつらみは言わず、感謝と懺悔を重んじた。さらに三毒（貪《むさぼ》り・瞋《いか》り・愚痴）の炎を除去し、嘘をつかない。他人のものを盗まず、争わない。笑い声や歌声の響く明るい家庭を築く。万物の霊長であることを自覚し、日々穏やかに暮らすよう心がけてきた。

寺院には本来、全ての生き物を救う「普遍的な役割」と、地域の中で人々と共に生きる「地域貢献的な役割」がある。これからの寺院には、この二つの役割がより強く求められる。

宗教で「祈る」ことが尊ばれるのは、「自然の恵みに感謝すると共に、時には猛威を振るう自然の中で生き抜く力を授かりたい」と願うからであろう。

天災・人災・社会不安等、人々にとって不安の材料は尽きることがない。こうした不安を少しでも和らげ、心安らかに暮らしていける手助けをするのも、寺院の大切な役割の一つである。

訪れて神仏に手を合わせる。坐禅や写経、作務を行じ、導師の説教に耳を傾ける。その中で、「生きる・生かされている」という仏教の根本命題に気付くことができたなら、何よりの収穫と言える。

かつて寺院は、勉学や社交の場であり、困り事を相談できる場でもあった。この「旧き良きカタチ」を、「新しい時代に応じたカタチ」として、よみがえらせる必要がある。

幸い、可睡斎は豊かな自然と広い境内、閑《しず》かで清らかな伽藍、そして多様な人材に恵まれている。これらの貴重な財産を有効に生かし、学校や子供会、婦人会、サークル活動や企業研修など、広く社会に門戸を開き、様々な取り組みを展開していかなければならない。

可睡斎は、「仏さまのテーマパーク」へと進化すべく、「寺院の新しいカタチ」の実現を目指して、これからも皆さまと共に寄り添い、共に語り合いながら歩み続けてまいります。

可睡斎略年譜

歴代住職（生没年）	西暦（和暦）	主要事項
	一二二七（安貞元）	**道元禅師、宋より帰国し、曹洞宗を伝える。**
	一三三八（暦応元）	**足利尊氏、征夷大将軍に任ぜられる。**
御開山 **如仲天誾《じょちゅうてんぎん》**（〜一四三七）	応永年間（一三九四 〜一四二八）初期	・如仲天誾、遠州久野の郷に草庵を結ぶ。
第二世 **真巌道空《しんがんどうくう》**（〜一四四九）	一三九二（明徳三）	**南北朝が統一される。**
第三世 **川僧慧済《せんそうえさい》**（〜一四七五）	一四六七（応仁元）	**応仁の乱が起こる。**
第四世 **太年祥椿《たいねんしょうちん》**（〜一五一三）		
第五世 **太路《たいろ》一遵《いちじゅん》**（〜一五一八）	永正年間（一五〇四 〜一五二一）初期	・太路一遵、東陽軒を建てる。
第六世 **林英総浦《りんえいそうほ》**（〜一五三一）	一五二六（大永六）	・松平広忠（幼名仙千代、家康の父）生まれる。
	一五四二（天文一一）	・徳川家康（幼名竹千代）生まれる。
第七世 **大陽一鴒《たいよういちれい》**（〜一五六九）	一五四四（天文一三）	・一〇月　今川義元が東陽院に宛て、「極楽寺の山屋敷を安堵する」との文書を出す。（「極楽寺文書」）

第八世 **天用《てんよう》一超《いっちょう》**（～一五四九）	一五四九（天文一八）	・三月 広忠、家臣に殺害される。二四歳。
		・一一月 竹千代、人質として駿府へ。
第九世 **潜龍《せんりゅう》慧湛《えたん》**（～一五六六）	一五六〇（永禄三）	・五月 今川義元、桶狭間で討死。元康（家康）岡崎城に帰る。
	一五六六（永禄九）	・一二月 家康、松平から徳川に改姓。
	一五七〇（元亀元）	・六月 家康、岡崎から浜松へ居城を移す。（『当代記』）
	一五七一（元亀二）	・家康、等膳和尚を篠島から呼び寄せる。懐旧談中、和尚御前で居睡り、「可睡和尚」と呼ばれる。（『秘録之分』）
第一〇世 **天叟《てんそう》禅長《ぜんちょう》**（～一五七二）	一五七二（元亀三）	・武田信玄、秋葉寺の伽藍に火を放つ。
		・家康、等膳に命じて秋葉寺を再建する。
		・一〇月 信玄、「可睡斎に軍勢の濫妨を禁ずる」禁制を出す。
		・一二月 三方ヶ原の戦い。家康、大敗を喫する。
第一一世 **仙麟《せんりん》等膳《とうぜん》**（～一五九〇）	一五七三（元亀四）	**室町幕府滅亡する。**
	一五八〇～一五八三（天正八～一一）	・家康の招きで、等膳ら家康の妻築山殿の亡魂を済度する。
	一五八二（天正一〇）	・家康、三・遠・駿・甲・信（南半分）五カ国の大名となる。
	一五八三（天正一一）	・一一月 家康、等膳を四カ国（三・遠・駿・豆）の僧録に任命。一雲斎から如仲らの世代牌を移す。（『可睡斎文書』）
第一二世 **一株《いっしゅ》禅易《ぜんえき》**（～一五九八）	一五八六（天正一四）	・一二月 家康、駿府に移る。
	一五九〇（天正一八）	**豊臣秀吉、天下統一。**
	一六〇三（慶長八）	**家康、征夷大将軍に任ぜられ、江戸に幕府を開く。**

一六〇五（慶長一〇）	・四月　家康、将軍職を秀忠に譲る。
一六〇七（慶長一二）	・七月　家康、駿府へ隠居。数年後、等膳と禅易の安否を尋ね故人と知る。二人に禅師号が下賜されるようはからう。
一六一二（慶長一七）	・五月「天下曹洞宗法度」制定。可睡斎は、関三刹（武蔵・竜穏寺、下総・総寧寺、下野・大中寺）と共に大僧録となる。
一六一五（慶長二〇）	**大坂夏の陣で、豊臣氏滅びる。**
一六一五（元和元）	・七月「諸宗諸本山法度」出される。可睡斎は總持寺の傘下に。
一六一六（元和二）	・四月　家康、駿府城で没。七五歳。
一六二五（寛永二）	・道中雲達、浜松二諦坊と訴訟。可睡斎が勝訴。秋葉寺は可睡斎の末寺となる。

第一三世　**士峯宋山《しほうそうざん》**（～一六三五）

第一四世　**一機慧策《いっきえさく》**（～一六二六）

第一五世　**道中雲達《どうちゅううんたつ》**（～一六三三）

第一六世　**泰伝存康《たいでんそんこう》**（～一六三三）

第一七世　**一東秀天《いっとうしゅうてん》**（～一六四二）

第一八世　**華亭敦秀《かていとんしゅう》**（～一六五四）

第一九世　**不外東伝《ふがいとうでん》**（～一六五八）

第二〇世　**名山大誉《めいざんたいよ》**（～一六五八）		
第二一世　**貴外嶺育《きがいれいいく》**（～一六六六）	一六六二（寛文二）	・七月　掛川藩主井伊直好、父直勝を可睡斎に埋葬。
第二二世　**丹山嶺香《たんざんれいこう》**（～一六七二）	一六七二（寛文一二）	・一月　井伊直好、掛川城で没。五五歳。
第二三世　**一通松天《いっつうしょうてん》**（～一六七九）		
第二四世　**桂巌寿仙《けいがんじゅせん》**（～一六八〇）		
第二五世　**太嶺寅朔《たいれいいんさく》**（～一六九六）		
第二六世　**黙外門室《もくがいもんしつ》**（～一七〇一）		
第二七世　**教寂芸訓《きょうじゃくげいくん》**（～一七〇〇）	一七〇〇（元禄一三） 一七〇七（宝永四）	・二月　教寂芸訓、『由来略記』を撰述。 一〇月　宝永地震起きる。 一一月　富士山噴火、宝永山が出現する。
第二八世　**東州真海《とうしゅうしんかい》**（～一七一八）	一七一六（享保元）	徳川吉宗が八代将軍となり、享保の改革が始まる。
第二九世　**大通貫道《だいつうかんどう》**（～一七三六）		・大通貫道、在斎中『秘録之分』・『略旧記』を写す。

第三〇世 月関湛亮《げっかんたんりょう》（〜一七二九）		
第三一世 大昶光国《だいちょうこうこく》（〜一七五三）		
第三二世 大梁禅棟《だいりょうぜんとう》（〜一七五二）		
第三三世 道山守賢《どうざんしゅけん》（〜一七八九）	一七八七（天明七）	松平定信、老中就任。寛政の改革が始まる。
第三四世 天倫光音《てんりんこうおん》（〜一七八四）		
第三五世 観国光錐《かんこくこうすい》（〜一七九六）		
第三六世 盛元大胤《せいげんだいいん》（〜一七九四）		
第三七世 魯道擔休《ろどうたんきゅう》（〜一八〇二）		
第三八世 因孝休覚《いんこうきゅうがく》（〜一八三六）		
第三九世 寛海休豊《かんかいきゅうほう》（〜一八四〇）	一八四一（天保一二）	老中水野忠邦により、天保の改革が始まる。

第四〇世　**大光実英**《だいこうじつえい》（〜一八四三）
第四一世　**道快亨全**《どうかいこうぜん》（〜一八四八）
第四二世　**天嶺玄童**《てんれいげんどう》（〜一八五六）
第四三世　**静巌亮禅**《せいがんりょうぜん》（〜一八六八）
第四四世　**碓山興宗**《たいざんこうしゅう》（〜一八七〇）
第四五世　**林峯要禅**《りんぽうようぜん》（〜一八七〇）
第四六世　**巨嶽玄齢**《こがくげんれい》（〜一八七六）
第四七世　**西有（穆山瑾英**《ぼくざんきんえい》**）**（一八二一〜一九一〇）

一八五三（嘉永六）	**ペリー、浦賀に来航。**
一八五四（安政元）	**一一月　安政東海地震**（可睡斎にも大きな被害）**、翌日安政南海地震、翌年安政江戸地震、各地甚大な被害を受ける。**
一八六七（慶応三）	**一〇月　徳川慶喜大政奉還。** **一二月　王政復古の大号令**（**新政府樹立**）
一八六八（慶応四）（明治元）	**三月　神仏判然令発布。以後、廃仏毀釈運動が拡大する。** 秋葉寺にも還俗命令下る。 ・四月　有栖川宮家から祈願所に選ばれる。 ・八月　有栖川宮幟仁親王から「護国殿」の扁額を賜る。
一八七一（明治四）	**七月　廃藩置県が行われる。**
一八七三（明治六）	・三月　神祇省処分で秋葉山は神社に、秋葉寺は廃寺処分となる。三尺坊大権現の御真躰は本寺の可睡斎に遷座。奥之院ほか仏像・仏具も可睡斎に。
一八七七（明治一〇）	・一〇月　西有穆山、第四七世斎主に。
一八七九（明治一二）	・秋葉三尺坊大権現の御真殿竣工。
一八八一（明治一四）	・西有穆山斎主、永平寺より高祖承陽大師道元禅師の御霊骨三顆の内の一顆を可睡斎に賜る。

第四八世
日置（維室黙仙《いしつもくせん》）
（一八四七〜一九二〇）

・九月　總持寺の「準直末寺院」となる。
その後、「直末寺院」となる。

一八八六（明治一九）
・六月　有栖川宮熾仁親王より「秋葉總本殿」の扁額を三尺坊御真殿に賜る。同時に菊の御紋を賜り、位牌をお迎えする。

一八九二（明治二五）
・九月　西有穆山斎主退任。日置黙仙、第四八世斎主に。

一八九四（明治二七）
八月　日清戦争始まる。

一八九五（明治二八）
・三月　清国全権大臣李鴻章が暴漢に狙撃され、負傷。
・四月　軍医総監佐藤進の治療により回復、講和条約締結。

一八九九（明治三二）
・二月　佐藤進と李鴻章との逸話を記念する活人剣竣工。

一九〇一（明治三四）
・三月　西有穆山、總持寺独住三世貫首に。
・六月　西有穆山貫首、禅師号を賜る。
・高橋泥舟、加藤清正公の木像を寄進する。

一九〇二（明治三五）
・一月　西有穆山禅師、曹洞宗管長に。
・一二月　袋井〜森間の秋葉馬車鉄道開業。

一九〇四（明治三七）
二月　日露戦争始まる。（明治三八　九月講和条約調印）

一九〇七（明治四〇）
・一月　日置黙仙斎主満韓の戦場を巡錫。遺灰を集める。

一九一一（明治四四）
・四月　護国塔除幕開塔式。
・一二月　秋葉馬車鉄道、可睡口〜可睡間開通。

第四九世
秋野（大忍孝道《だいにんこうどう》）

一九一六（大正五）
・五月　日置黙仙斎主、永平寺貫首に。六月、禅師号を賜る。
秋野孝道、第四九世斎主に。

（一八五八～一九三四）

第五〇世
梶川（乾堂物先《けんどうもっせん》）
（一八六六～一九四二）

第五一世
高階（玉堂瓏仙《ぎょくどうろうせん》）
（一八七六～一九六八）

第五二世
永江（大忍金栄《だいにんきんえい》）
（一八九五～一九七一）

一九一七（大正六）	・一月　日置黙仙禅師、曹洞宗管長に。
一九二〇（大正九）	・秋野孝道斎主、『禅宗綱要』出版。
一九二三（大正一二）	**九月　関東大震災が発生。**
一九二五（大正一四）	・袋井～可睡間が電化される。程なくこの間のバス路線も開業。可睡斎への参拝者増える。
一九二九（昭和四）	・一二月　秋野孝道斎主、總持寺貫首に。禅師号を賜る。
一九三〇（昭和五）	・一月　秋野孝道貫首、曹洞宗管長に。
一九三一（昭和六）	・六月　高階瓏仙、第五一世斎主に。
一九三三（昭和八）	・一〇月　東京大学史料編纂室より僧録文書等の可睡斎文書二八〇冊が返還される。
一九三七（昭和一二）	・四月　三尺坊遷座六五周年記念祭に御真躰御開帳。瑞龍閣・大東司完成。 **七月　日中戦争始まる。**
一九四一（昭和一六）	・六月　高階瓏仙斎主、總持寺貫首に。七月、禅師号を賜る。永平寺貫首に。 **一二月　太平洋戦争始まる。**
一九四四（昭和一九）	・一二月　高階瓏仙禅師、曹洞宗管長に。 ・一二月　東南海地震で、袋井地方甚大な被害を受ける。
一九四五（昭和二〇）	**八月　太平洋戦争終わる。**

	一九五七（昭和三二）	・五月　高階瓏仙禅師、全日本仏教会会長に。
	一九五九（昭和三四）	・九月　伊勢湾台風で総門全壊。翌年、総門新築。
	一九六二（昭和三七）	・機関紙『道光』（月刊）創刊。
	一九六九（昭和四五）	・六月　法堂の「梵鐘」と「紙本墨書示了然道者法語」が県の有形文化財に指定される。
第五三世 原田（規外《きがい》亮裕《りょうゆう》） （一八九一～一九八五）	一九七一（昭和四六）	・夏休み、歌川学・鈴木泰山愛知大学教授をリーダーとする愛知大学と愛知学院大学のスタッフと学生らが可睡斎に滞在。「僧録文書」の調査を始める。
	一九七三（昭和四八）	・九月　僧堂（坐禅堂）竣工。
	一九七八（昭和五三）	・三月「護国塔」が県の有形文化財に指定される。 ・四月　位牌堂落慶入仏式挙行。
	一九八〇（昭和五五）	・八月　先年の台風で倒壊した総門の落慶法要が行われる。
	一九八二（昭和五七）	・四月　ぼたん苑が開苑する。 ・四月　茶道宗徧流静岡支部六〇〇余による献茶会と報恩供養が行われる。
第五四世 鈴木（一峯《いっぽう》泰山《たいざん》） （一九〇七～一九九六）	一九八九（平成元）	・一〇月『可睡斎史料集』第一巻刊行。
	一九九八（平成一〇）	・四月一五日～六月一五日　特別記念大祭開かれる。（秋葉三尺坊大権現御開帳・開創六百年大法要・高祖承陽大師七五〇回大遠忌予修法要など）
第五五世 伊東（康国《こうこく》盛熈《せいき》）	二〇〇四（平成一六）	・四月　特別養護老人ホーム「萬松の里」竣工。

（一九三〇～二〇〇八）	二〇〇六（平成一八）	・一二月　奥之院、不審火により全焼、不動明王像ほか仏具一式も焼失。
第五六世 嶋田（悟山吉春《ごさんきっしゅん》）（一九三三～二〇一一）	二〇〇八（平成二〇）	・六月　奥之院竣工。
	二〇一一（平成二三）	・一～三月　翌年の秋葉三尺坊大権現御真躰遷座一四〇年を記念して宝物館で資料展が開催される。 ・三～一一月　「伊東忠太・護国塔一〇〇年展」が行われる。 ・五月　開山堂の菊の御紋入り厨子から明治天皇の銅像発見。 ・九月　両祖忌ならびに万国戦没者慰霊祭法要・護国塔建立百年記念法要が行われる。 ・一一月　五七世佐瀬道淳斎主晋山式。山門建立・奥之院再建等落慶法要が行われる。
第五七世 佐瀬（不昧道淳《ふまいどうじゅん》）（一九三一～）		
	二〇一三（平成二五）	・五月　『可睡斎護国塔物語』刊行。 ・八月　李鴻章が軍医総監佐藤進を称賛し記した「妙手回春」の扁額複製が順天堂大学から寄贈される。 ・一二月　徳川家康公没後四〇〇年に当たり、総門前に「徳川家康公深きゆかりの禅寺」の石碑が建立される。
	二〇一四（平成二六）	・五月　太路一遵機縁の毘沙門天像が、御真殿から発見され、体内から約一寸五分の毘沙門天が見つかる。 ・一二月　瑞龍閣と大東司が国登録有形文化財となる。
	二〇一五（平成二七）	・一月一日～　第一回可睡斎ひなまつり開催される。

二〇一六（平成二八）	・三月　開山堂奥横に祀ってあった徳川家康公と歴代将軍の位牌を本堂床の間横に遷座し、「徳川家御霊屋」とする。 ・四月〜六月　御真殿の「別伝秋葉三尺坊大権現」を御開帳。 ・五月　徳川家康公没後四〇〇年記念法要が行われる。 ・九月　「活人剣再建委員会」が進めてきた「活人剣」の竣工式が行われる。
二〇一七（平成二九）	・四月　再建記念誌『蘇った活人剣』刊行。 ・六月　五一世高階瓏仙禅師五〇回忌報恩大授戒会行う。 ・七、八月　市観光協会主催「遠州三山風鈴まつり」始まる。 ・一〇月　台風で、瑞龍閣南側斜面に土砂崩れが起こる。
二〇一八（平成三〇）	・九月末　台風で、総門倒壊など甚大な被害を受ける。 翌令和一年六月、瑞龍閣南側斜面の復旧工事が終了。
二〇一九（令和元）	・一二月　前年の台風で倒壊した総門を再建。
二〇二〇（令和二）	・六月　活人剣再建五周年・病魔調伏祈念法要が行われる。 ・一一月『可睡齋物語』刊行。

主要参考文献

『可睡斎史料集』（可睡斎史料集編纂委員会編／思文閣出版）
『曹洞宗の地域的展開』（鈴木泰山／思文閣出版）
『可睡斎視点中遠地方仏教教団史稿』（鈴木泰山／可睡斎）
『道光』（寺報／可睡斎）
『袋井市史』（袋井市役所）
『秋葉信仰の研究』（田村貞雄監修／可睡斎）
『秋葉三尺坊大権現』（野崎正幸／秋葉寺）
『秋葉信仰の根源・三尺坊』（藍谷博雄／秋葉寺）
『西有穆山禅師』（西有穆山禅師顕彰会編）
『日置黙仙禅師傳』（高階瓏仙編／大法輪閣）
『高階瓏仙禅師傳』（原田亮裕編／思文閣出版）
『可睡斎伝灯録』（可睡斎）
『徳川家康文書の研究』（中村孝也／日本学術振興会）
『駿府の大御所徳川家康』（小和田哲男／静岡新聞社）
『曹洞宗全書』（曹洞宗宗務庁）
『禅語辞典』（思文閣出版）
『禅学大辞典』（大修館書店）

門葉寺院一覧（地域別）

〈静岡県内〉

静岡市
清源寺

島田市
龍江院
大徳寺
大覚寺
観勝寺

掛川市
長松院（二門首）
春林院（五後見）
永源寺（五後見）

袋井市
明香寺
栄泉寺
勝名寺
金錫寺
全法寺
観福寺
積名寺
松蔵寺
積雲院（五後見）
雲江院（五後見）
高雲庵
長泉寺
常楽寺
成道寺
香勝院
玄泉庵
極楽寺
用福寺
福正寺
心宗院
長昌寺

森町
高雲寺
全生寺
極楽寺

磐田市
新豊院（五後見）
一雲斎（二門首）
定光寺
十輪寺
大圓寺
妙法寺
誓渡院
連城寺

浜松市南区
契珊寺
成金寺

浜松市北区
正泉寺

浜松市東区
宗安寺
龍秀院

浜松市天竜区
光明寺
栄林寺
圓光寺
永源寺
大生寺
寶珠院
秋葉寺

浜松市浜北区
大宝寺
龍泉寺
学園寺

〈静岡県外〉

青森県
善福寺
延寿院

千葉県
廣徳寺

神奈川県
萬徳寺
黙仙寺
萬藏寺

長野県
龍洞院
興善寺

愛知県
満光寺
勝楽寺
正法寺

三重県
海禅寺

和歌山県
全龍寺

兵庫県
歓喜寺

※ 一雲斎をはじめ二門首・五後見は、可睡斎と特に関係の深い寺院である。
※ 地域内の寺院は、曹洞宗の寺籍番号順にあげた。

袋井・森地区　門葉寺院

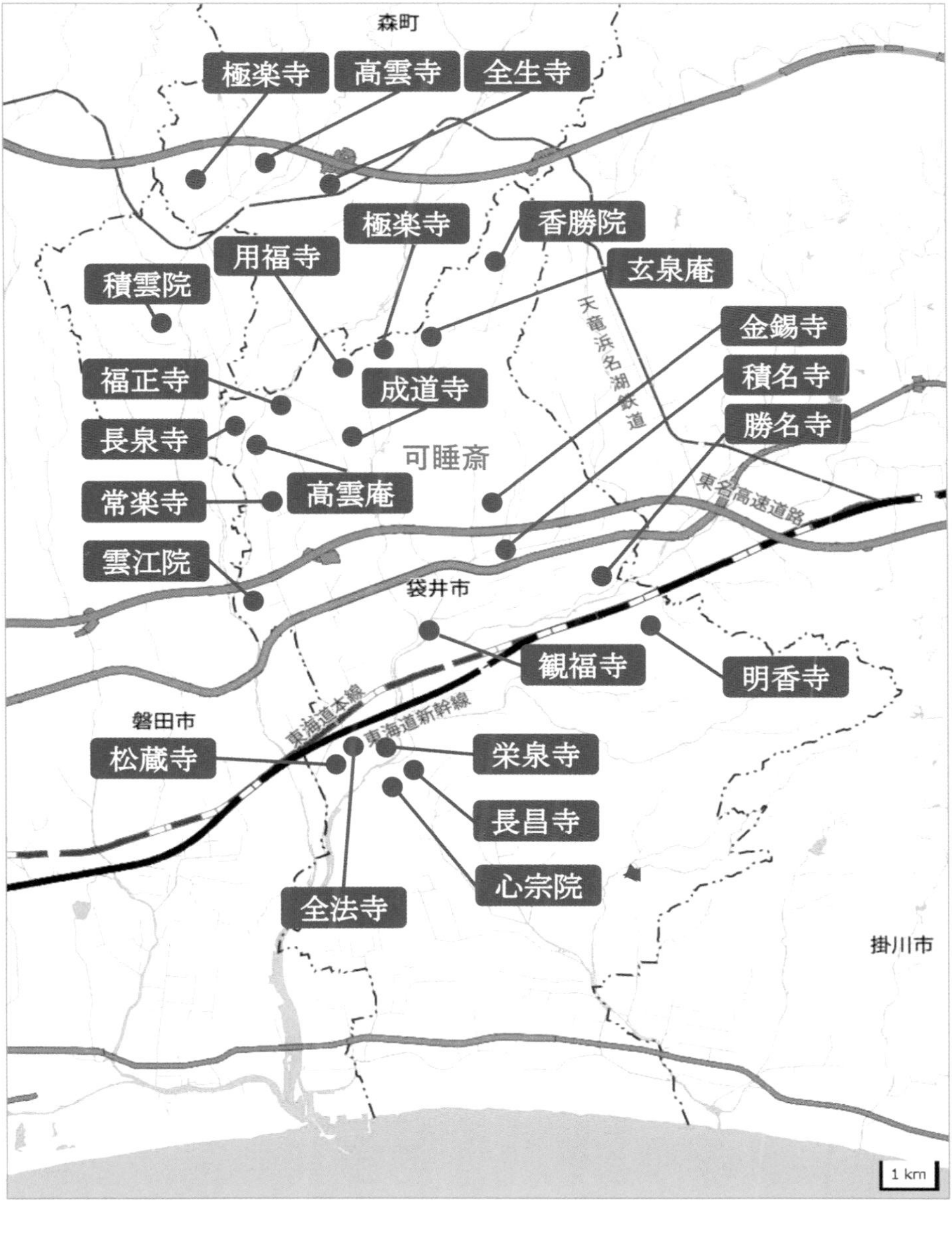
森町
極楽寺
高雲寺
全生寺
極楽寺
香勝院
用福寺
積雲院
玄泉庵
天竜浜名湖鉄道
金錫寺
積名寺
福正寺
成道寺
勝名寺
長泉寺
可睡斎
東名高速道路
常楽寺
高雲庵
雲江院
袋井市
観福寺
明香寺
磐田市
東海道本線
東海道新幹線
松蔵寺
栄泉寺
長昌寺
心宗院
全法寺
掛川市
1 km

監修を終えて

愛知学院大学名誉教授　川口 高風

令和元年秋、可睡斎知庫の石川徹界師と編集委員の和久田雅之先生が拙寺に来山され『可睡齋物語』の監修の依頼を受けた。石川師は大学の一年先輩、現斎主の佐瀬道淳老師とは、自坊の安来市松源寺に伝わる環のついた袈裟について御教示を受けレプリカを作って研究したことがあった。五十四世鈴木泰山斎主は、所蔵文書を整理して『可睡斎史料集』の刊行を企画され、筆者も編集委員の一人に委任された。しかし、鈴木斎主の遷化により、その企画は中断され、筆者担当の巻を含めた五冊が未刊のままである。

このような法縁のある可睡斎よりの依頼を受け、監修の任にあたることとした。早速、初校を精読したが、多くの執筆者のため、原稿に統一性がないところから文体の統一などを提案した。しかし、あくまで執筆者の立場を尊重するところから、執筆者の主張する説はそのままにした。

本書の構成は、（一）可睡斎の境内、伽藍堂宇の説明、（二）寺の開創から今日までのあゆみ、（三）寺伝資料の考察とかつての安居者らの随想、逸話などのよもやま話、（四）略年譜や門葉寺院の一覧などの資料編の四項目に分けられている。一般的な寺史の構成をみると、一番最初に由緒や沿革などがくる。しかし、本書は修行僧が上山にあたり、木版三打して到着を知らせるが如く安下処の地蔵堂から始まっている。続いて境内や伽藍の解説、それに石仏像や木像など多彩な顔をもつ可睡斎の見どころを一番先に紹介している。

執筆は歴史に詳しい地元の教育関係者と山内の役寮らが担当した。読み易さ、手軽さの本であるとともに、一定の格調ある書物とするべく努められ、写真を豊富にとり入れ、また、塔や石碑などの銘文、古文書の原文をそのまま紹介した箇所もある。そのため単なるガイドブックスではなく、学術的にも参考となる資料集ともいえよう。

さて、可睡斎の由緒を知ることのできる資料は『由来略記』『略旧記』『秘録之分』の三種があり、『可睡斎史料集』第一巻にすべて翻刻されている。『可睡齋物語』の「あゆみ」と「よもやま話」において、三資料の疑問点などは考察されているが、『秘録之分』を中心に執筆されている。そのため寺名の由来である十一世仙麟等膳和尚と徳川家康公との逸話が重用されている。しかし、近年では、それは歴史的事実でなく、作り話であるとして『秘録之分』は偽書との説も出てきた。そのため執筆者の編集委員は「現時点の私見」と述べている。可睡斎は居睡り和尚の逸話とともに、明治初期の秋葉寺廃寺にともなう秋葉三尺坊大権現御真躰の遷座によって、庶民に親しまれる身近な寺院となったことは確かであろう。その一方、江戸期は徳川幕府の宗教政策の事務機関としての役目を担い、格式高き寺院になったことも事実である。

今後は『可睡斎史料集』に所収された文書や未刊の古文書、古記録の研究によって可睡斎の歴史に新たな事実が加えられることを期待したい。そのための布石となるのが『可睡齋物語』であろう。

〈あとがき〉

衆僧の威神力により『可睡齋物語』刊行

萬松山可睡斎　監寺　松井道孝

今般、佐瀬道淳斎主長年の夢でありました『可睡齋物語』が刊行の運びとなり、檀信徒並びに関係者、さらには広く可睡斎の歴史や境内紹介を通して遠州地方の歴史や地政学に関心をお持ちの方々にお届けできますことは「より開かれた寺院」を目指す私たち共通の願いでもありました。

これまでの寺院史というと、難しい古文書類や歴史資料満載の活字ばかりの本、といった印象をお持ちの方も多いと思います。所謂寺院史ならそれだけで十分価値ある資料集で貴重なのですが、読む方にとっては相当な努力と根気が必要なのが一般的でした。

この『可睡齋物語』は、斎主の強い意向もあり、「読み易さ」「解り易さ」「親しみ易さ」「手軽さ」を満足させながら一定のレベルと本としての格調を保つ、という贅沢な要求を編集委員会に委託しました。

この難題に各委員の方々は様々な角度から智慧を出し合っていただき、特に出版社への入稿前一カ月間は、ほぼ毎日のように可睡斎へ御出座いただき、審議検討を重ねていただきました。また、出版の専門知識を持つ役寮の協力も大きな成果を生み出す底力となりました。

関係各位に厚く御礼申し上げると共に、この本を通して一人でも多くの方々がより深い仏縁に恵まれますよう御祈念申し上げます。

可睡齋物語

令和 2（2020）年 11 月 28 日　第 1 刷発行

定価：本体 1,818 円＋税

● 監修：川口高風

● 編集・執筆：可睡齋物語編集委員会

委員長：遠藤亮平

代表執筆者：和久田雅之

委員会座長：小林哲雄

編集委員：沼倉　昇　鈴木隆三　森川重夫

委員：采川道昭　石川浩道　宇佐美了康　上岡鋼平　原田裕幸

事務局：石川徹界　西垣隆英　太田章文

● 題字：佐瀬道淳

● 扉 標題字：大谷青嵐

● 編集デザイン協力：株式会社オフィステラ・NIKS 岡島千明

イラスト　鈴木幸子

● 写真提供：マツヤマデザイン・地域デザイン GRAND

● 発行者：佐瀬道淳

● 発行所：秋葉總本殿可睡斎

〒 437-0061　静岡県袋井市久能 2915-1

TEL.0538-42-2121　FAX.0538-42-1429

E-mail:info@kasuisai.or.jp

https://www.kasuisai.or.jp

● 制作・出版：羽衣出版

〒 422-8034　静岡市駿河区高松 3233

TEL.054-238-2061　FAX.054-237-9380

印刷：信教印刷 ㈱・矢沢印刷 ㈱

製本：㈱ 渋谷文泉閣

ISBN978-4-907118-54-9 C0015 ¥1818E

無料駐車場
約20台
奥之院
稲荷堂
秋葉総本殿
三尺坊
御真殿
勝軍地蔵
加藤清正公祠
井伊直勝の墓
烏天狗
エスカレーター
本堂
開山堂
徳川家御霊屋
明治の活人剣跡
出世六の字穴
方丈
開運大黒殿
慈母観音
坐禅堂
大書院
枯山水の大庭園
萬松閣
総受付
宝物館
斎堂
典座寮
松雲閣
輪蔵堂
水屋
山門
おさすり大黒
平成の活人剣
瑞龍閣
大東司
玲和の庭
可睡ゆりの園
白山堂
〈御祈祷者駐車場〉
5台
鶴亀庭園
有料駐車場
約50台
洗心閣
総門
手づくりアイスクリームのじぇらーとげんき
出世ぼたん餅の瀬川屋
おみやげ処 一越
胡社斎
占いの館
黒田屋
喫茶 メロン
地蔵堂
旧東陽軒
約50台
有料駐車場
大型バス無料駐車場
(約10台駐車可)
可睡斎門前
約40台
可睡第二駐車場
無料駐車場

現在の可睡斎全図